Muttersprache 6

Arbeitsheft

Herausgegeben von Viola Oehme

Erarbeitet von
Karin Mann
Iris Marko
Antje Pechau
Petra Schön

Zu diesem Arbeitsheft gibt es ein passendes **Schülerbuch** (ISBN 978-3-06-061724-1).

Redaktion: Gabriella Wenzel
Bildrecherche: Angelika Wagener
Illustration: Christa Unzner, Berlin
Umschlaggestaltung: werkstatt für gebrauchsgrafik, Berlin
Umschlagillustration: Annette von Bodecker-Büttner, Dresden
Layoutkonzept: Farnschläder & Mahlstedt, Hamburg
Layout und technische Umsetzung: Ines Schiffel, Berlin

Autorinnen und Redaktion danken Bernd Skibitzki für wertvolle Anregungen und praktische Hinweise bei der Entwicklung des Manuskripts.

Quellenangaben:
Texte: 6 f. Krabat tappte ... Aus: Preußler, Otfried: Krabat. Stuttgart: Thienemann, 1981, S. 14 f. **9** Junge rettet Dreijährige vor Ertrinken. Aus: Mitteldeutsche Zeitung vom 18. Juli 2009, S. 24 (Panorama). **13** Alter John besuchte ... Aus: Härtling, Peter: Alter John. Weinheim: Beltz & Gelberg, 1981, S. 11, 18. **15** Von März bis April ... Aus: Biologie. Band 1. Berlin: Volk und Wissen Verlag, 1993, S. 95. **17** Der Salzlakeneffekt. Aus: Das große Buch der Experimente: Über 200 Versuche aus allen Wissensgebieten. Ins Dt. übertr. von Anke Schreiber. Augsburg: Bechtermünz, 2000, S. 53. **18** Zuerst wird die Lampe ausgeschaltet. Aus: Duden. 150 Aufsatzübungen. 5. bis 10. Klasse. Mannheim: Duden, 2008, S. 28. **19** Schuhverrückter Fuchs klaut wieder. Aus: Mitteldeutsche Zeitung, 11. August 2009, S. 24 (Panorama). **24** La Fontaine, Jean de: Der Rabe und der Fuchs. Aus: La Fontaine, Jean de: Fabeln. Aus dem Französischen von Ernst Dohm. Ausgewählt von Maximilian Graf. Köln: Anaconda, 2005, S. 6. **26** Uhland, Ludwig: Frühlingsglaube. Aus: Bausinger, Hermann (Hg.): Ludwig Uhland. Ausgewählte Werke. München, Winkler, 1987, S. 22. Mörike, Eduard: Er ist's. Aus: Mörikes Werke in einem Band. Berlin, Weimar: Aufbau, 1969, S. 53. **28 f.** Nach: Nigge, Klaus: Weißkopfseeadler – Der Stolze mit dem scharfen Blick. Aus: Geo Magazin, Nr. 03/2000 (gekürzt und geändert). **32** Wir wissen ... Aus: Hahn, Ente und Hammel als erste Passagiere. Aus: Ostthüringer Zeitung (OTZ), 18.08.2004. **60 f.** *lesen*, *Laptop*: Aus: Duden: Die deutsche Rechtschreibung. 25., völlig neu bearbeitete und erweiterte Auflage. Mannheim, Zürich, Wien: Dudenverlag, 2009, S. 684, 672. **61** *easy*: Aus: Ehmann, Hermann: Affengeil. Ein Lexikon der Jugendsprache. München: Beck, 1994, S. 56. **62** Heimatlose. Aus: Pape, Walter (Hg.): Joachim Ringelnatz: Das Gesamtwerk in sieben Bänden. Gedichte. Zürich: Diogenes, 1994, S. 308. **73** Mary wachte ... Aus: Burnett, Frances Hodgson. Der geheime Garten. Würzburg: Arena Verlag, 1995. S. 101 **f. 75** Traufetter, Gerald: Müllhalde im Bauch. Aus: Dein Spiegel. Die Welt verstehen, Nr. 1/2009, S. 36 **f.**
Fotos: 6 *Buchcover*: Thienemann Verlag, Stuttgart 1981; Century Fox/ Cinetext, Frankfurt am Main **9** picture-alliance/dpa, Frankfurt am Main **15** *Illustration unten* diGraph, Lahr **19** picture-alliance/dpa, Frankfurt am Main **28** picture-alliance/OKAPIA, Frankfurt am Main **35** akg-images, Berlin **75** picture-alliance/Photoshot, Frankfurt am Main **77** picture-alliance/NHPA/photoshot, Frankfurt am Main
de.fotolia.com ©: **15** Ervin Monn **16** Gennadiy Kanivets **51** Anton Rezic **53** alphavisions **54** Eberhard Räder **56** Jean-Michel Leclercq **72** Alexander Rochau (1), Amir Kaljikovic (2), Mollypix (3), Antje Lindert-Rottke (4)

www.cornelsen.de

Dieses Werk berücksichtigt die Regeln der reformierten Rechtschreibung und Zeichensetzung.
Bei den mit [R] gekennzeichneten Texten haben die Rechteinhaber einer Anpassung widersprochen.

1. Auflage, 1. Druck 2010

Alle Drucke dieser Auflage sind inhaltlich unverändert
und können im Unterricht nebeneinander verwendet werden.

Druck: Himmer AG, Augsburg

ISBN 978-3-06-061773-9

Inhalt gedruckt auf säurefreiem Papier aus nachhaltiger Forstwirtschaft.

Inhalt

Zuhören – Sprechen – Schreiben

Mit Texten und Medien umgehen

Über Sprache nachdenken

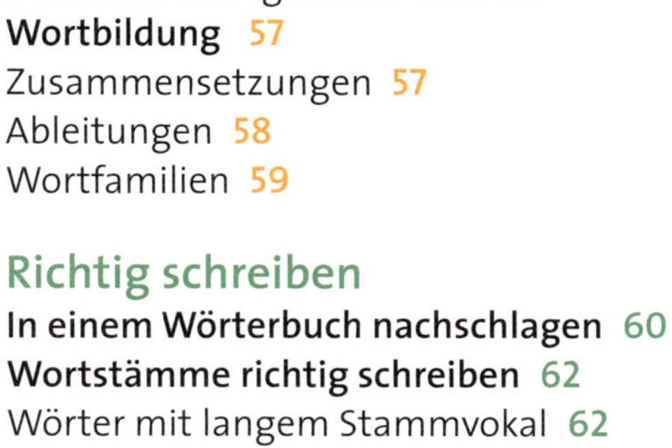

Richtig schreiben

Gespräche führen – eine Meinung vertreten

Sich mit verschiedenen Meinungen auseinandersetzen

!

Manche Probleme lassen sich nur in einer **Diskussion** klären. In einer Diskussion muss man sich **mit den Meinungen anderer auseinandersetzen** und darauf eingehen, z. B.:

Zustimmung: *Da stimme ich dir zu. Du hast Recht. Ich bin deiner Meinung.*
Ablehnung: *Ich sehe das anders. Da bin ich anderer Meinung. Damit bin ich nicht einverstanden.*
Kompromiss: *Ich bin nicht ganz einverstanden. Ich könnte zustimmen, wenn ... Das ist in Ordnung, wenn ...*

Außerdem muss man sich überlegen, welche eigene **Meinung** man zu dem Thema hat und diese gut **begründen**. Dazu kann man Sätze mit ***weil***, ***deshalb***, ***denn*** verwenden, z. B.:
Ich bin dagegen, weil ...
Deine Idee finde ich gut, deshalb ...
Das überzeugt mich nicht, denn ...

1 Paul unterhält sich mit anderen über die geplante Klassenfahrt.

a Lies das folgende Gespräch.

Paul Für unsere Klassenfahrt im Mai schlage ich das Schullandheim in Güntersberge im Harz vor, weil wir von dort aus viel unternehmen können.
Lisa Ich bin da anderer Meinung. Was wollen wir denn mitten im Wald?
Tom Für mich klingt Pauls Vorschlag interessant. Wir müssen uns aber noch genau nach den Ausflugsmöglichkeiten erkundigen.
Dana Du hast Recht. Wir können erst abstimmen, wenn wir mehr wissen. Ich würde aber als weiteres Ziel noch Warnemünde an der Ostsee vorschlagen.
Anja Das ist in Ordnung. Ich denke, viele Mädchen wollen lieber in eine Stadt.
Eric Ich stimme Dana zu. Wir brauchen Programmangebote von zwei unterschiedlichen Zielen, damit wir dann abstimmen können.

b Unterstreiche die Wendungen, mit denen die Kinder jeweils auf die Meinung der Vorredner eingehen.

c Schreibe Pauls mögliche Antwort auf Erics Äußerung auf.

___

___

2 In der Diskussion schlägt Paul Güntersberge im Harz vor und Dana Warnemünde an der Ostsee.
Formuliere zu den Vorschlägen folgende Meinungen.

TIPP
Nutze die Formulierungen aus dem Merkkasten (S. 4).

Zustimmung: ______________________________________

____

Ablehnung: ______________________________________

____

Kompromiss: ______________________________________

____

3 Die Abstimmung in der Klasse hat ergeben, dass alle in das Schullandheim nach Güntersberge fahren wollen. Was hältst du von der Entscheidung der Klasse? Schreibe deine Meinung auf und begründe sie.

____

____

____

____

____

____

____

____

____

____

____

____

____

____

PROGRAMM
- Bergtheater Thale
- Fahrt mit der Brockenbahn
- Nachtwanderung

Erzählen

Aus einer anderen Perspektive nacherzählen

!

Man kann eine Geschichte **aus einer anderen Perspektive**, das heißt aus der Sicht einer anderen Person, erzählen.
Der **Ich-Erzähler** ist am Geschehen selbst beteiligt, erzählt aus seiner Sicht und gibt seine Gedanken und Gefühle wieder, z. B.:
Ich tappte ein Stück durch den Wald, mir war etwas unheimlich.
Die **Sie-Erzählerin** / der **Er-Erzähler** ist nicht selbst beteiligt, sondern beobachtet von außen, z. B.:
Krabat tappte ein Stück durch den Wald wie ein Blinder im Nebel.

1 „Krabat" ist ein Roman von Otfried Preußler. Er erzählt die Geschichte eines 14-jährigen Waisenjungen, der sich als Lehrling in einer unheimlichen Mühle verdingt.
Lies den folgenden Textauszug.

Krabat tappte ein Stück durch den Wald wie ein Blinder im Nebel, dann stieß er auf eine Lichtung. Als er sich anschickte, unter den Bäumen hervorzutreten, riss das Gewölk auf, der Mond kam zum Vorschein, alles war plötzlich in kaltes Licht getaucht.
5 Jetzt sah Krabat die Mühle. [...]
Beherzt schritt er auf die Mühle zu, fand die Haustür verschlossen und klopfte.
Er klopfte einmal, er klopfte zweimal: Nichts rührte sich drinnen. Kein Hund schlug an, keine Treppe knarrte, kein Schlüsselbund rasselte – nichts.
10 Krabat klopfte ein drittes Mal, dass ihn die Knöchel schmerzten.
Wieder blieb alles still in der Mühle. Da drückte er probehalber die Klinke nieder: Die Tür ließ sich öffnen, sie war nicht verriegelt, er trat in den Hausflur ein.

15 Grabesstille empfing ihn und tiefe Finsternis. Hinten jedoch, am Ende des Ganges, etwas wie ein schwacher Lichtschein. Der Schimmer von einem Schimmer bloß.
20 „Wo Licht ist, werden auch Leute sein", sagte sich Krabat.
Die Arme vorgestreckt, tastete er sich weiter. Das Licht drang, er sah es im Näherkommen, durch einen Spalt in der Tür, die den Gang an der Rückseite abschloss. Neugier ergriff ihn, auf Zehen-
25 spitzen schlich er sich zu der Ritze und spähte hindurch.
Sein Blick fiel in eine schwarze, vom Schein einer einzigen Kerze erhellte Kammer. Die Kerze war rot. Sie klebte auf einem Totenschädel, der lag auf dem Tisch, der die Mitte des Raumes einnahm. Hinter dem Tisch saß ein

massiger, dunkel gekleideter Mann, sehr bleich im Gesicht, wie mit Kalk be-
30 strichen; ein schwarzes Pflaster bedeckte sein linkes Auge. Vor ihm auf dem Tisch lag ein dickes, in Leder eingebundenes Buch, das an einer Kette hing: Darin las er.
Nun hob er den Kopf und starrte herüber, als habe er Krabat hinter dem Türspalt ausgemacht. Der Blick ging dem Jungen durch Mark und Bein. Das
35 Auge begann ihn zu jucken, es tränte, das Bild in der Kammer verwischte sich.
Krabat rieb sich das Auge – da merkte er, wie sich ihm eine eiskalte Hand auf die Schulter legte, von hinten, er spürte die Kälte durch Rock und Hemd hindurch. Gleichzeitig hörte er jemand mit heiserer Stimme auf Wendisch[1]
40 sagen:
„Da bist du ja!"
Krabat zuckte zusammen, die Stimme kannte er. Als er sich umwandte, stand er dem Mann gegenüber – dem Mann mit der Augenklappe.

[1] sorbische Sprache im Spreewald

2 Erzähle den Textabschnitt aus der Sicht von Krabat nach.

Die Nacherzählung planen

a Lies den Text noch einmal und teile ihn in Abschnitte ein. Ziehe unter jedem Abschnitt mit Bleistift eine Linie.

b Schreibe zu jedem Abschnitt Stichpunkte zum Geschehen auf. Beachte, was für Krabats Erzählung besonders wichtig ist.

TIPP
Lass bei Stichpunkten das Subjekt weg oder verwende das Verb im Infinitiv.

– durch den Wald wie blind

___

___

___

___

___

___

___

___

___

___

Die Nacherzählung üben

c Übe deine mündliche Nacherzählung mithilfe der Stichpunkte. Trage sie dann der Klasse vor.

Eine Geschichte fortsetzen

1 Schreibe die Geschichte von Krabat weiter.

Die Geschichte planen

a Lies die folgenden Wörter und Wortgruppen.

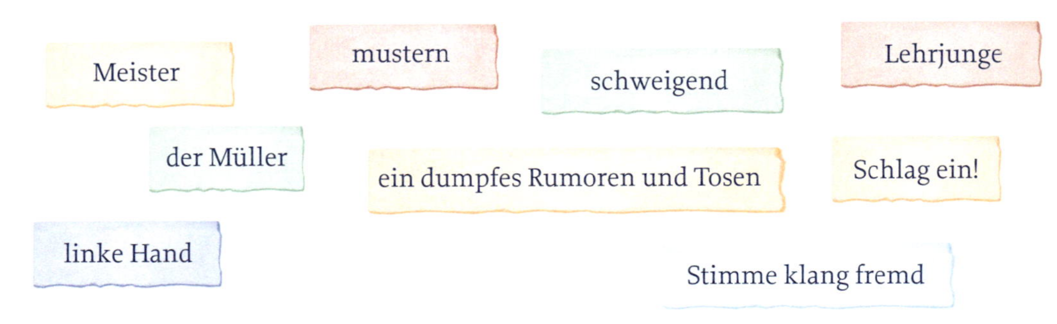

TIPP
Achte darauf, dass du keine vollständigen Sätze schreibst.

b Notiere Stichpunkte zur Fortsetzung der Geschichte. Du kannst die Wörter aus der Aufgabe a nutzen.

Textteile entwerfen

c Formuliere nun die ersten Sätze.

Schweigend musterte der Mann Krabat, dann

Einen Entwurf schreiben

d Wenn du Lust hast, schreibe die Geschichte in deinem Heft weiter.

Einen Erzählkern ausgestalten

Um Geschichten zu erfinden, kann man einen Erzählkern nutzen, z. B. eine Zeitungsmeldung. Man entnimmt dem Erzählkern wichtige Informationen zu **Ort**, **Zeit**, **Personen** und **Handlungsschritten**, baut diese aus, erfindet weitere dazu und denkt sich so eine passende Geschichte aus.
Man sollte auf eine folgerichtige und anschauliche Darstellung achten und eine passende **Überschrift** finden.

a Lies folgende Zeitungsmeldung.

Junge rettet Dreijährige vor Ertrinken
München/dpa – Filip ist erst elf Jahre alt und doch schon ein Held. Am Riemer See in München hat er ein dreijähriges Mädchen vor dem Ertrinken gerettet. Die Kleine war in das Gewässer gelaufen, während sich ihre Mutter nach dem Baden umzog und einen Moment nicht aufpasste. Wie ihr Lebensretter gestern auf einer Pressekonferenz der Polizei erzählte, hatte er beobachtet, wie das Mädchen nach Luft schnappte und dann unterging. Kurzerhand sprang er ins Wasser, wo sich die Dreijährige an ihn klammerte. So gelangten beide unversehrt ans Ufer.

Die Geschichte planen

b Suche die wichtigen Informationen aus der Zeitungsmeldung heraus. Ergänze die *W*-Fragen.

Wer? ____________________

Wann? ____________________

Wo? ____________________

Was passierte? ____________________

____

c Zerlege die Handlung in Handlungsschritte und ordne diese sinnvoll.

1. ____________________

____

____

____

2

a Möchtest du weitere Personen in die Geschichte aufnehmen? Beschreibe sie kurz und gib ihnen einen Namen.

____

____

____

____

____

____

b Überlege, welche weiteren Handlungsschritte du einfügen könntest.

____

____

____

____

____

____

____

c Entscheide, aus welcher Erzählperspektive du die Geschichte aufschreiben möchtest.

____

____

3

Einen Entwurf schreiben

a Schreibe einen Entwurf der Geschichte in dein Heft. Lass einen breiten Rand zum Überarbeiten.

Einen Entwurf überarbeiten

b Überarbeite deinen Entwurf. Denke auch an eine spannende Einleitung und einen geeigneten Schluss.

c Schreibe die Endfassung in dein Heft.

Eine Fantasiegeschichte schreiben

!

In einer **Fantasiegeschichte** sind alle Ereignisse, Personen, Handlungen und Umstände erfunden. Zur Ideensammlung kann man einen **Cluster** oder einen **Erzählplan** nutzen. Verschiedene **Gestaltungsmittel** machen die Geschichte interessant und wirkungsvoll, z. B.: anschaulich beschriebene Figuren, Gedanken und Gefühle, wörtliche Rede, treffende Vergleiche.

1 Schreibe eine Geschichte über die Erlebnisse des Koffers.

Die Geschichte planen

a Entwirf einen Erzählplan für deine Geschichte.

Einleitung: Ort und Zeit: ______________________

____

Gegenstände, Personen: ______________________

____

Hauptteil: Handlung: 1. ______________________

____

____

____

____

Schluss: ______________________

____

Textteile entwerfen

b Denke dir eine Einleitung aus, mit der du die Situation im ersten Bild erklärst.

____

____

c Überlege, welche Gedanken und Gefühle der Koffer haben könnte. Schreibe sie als wörtliche Rede auf. Verwende im Begleitsatz treffende Verben aus der Wortliste.

„Ach, jetzt warte ich schon so lange", seufzte der Koffer.

____

____

____

____

____

____

____

WORTLISTE
seufzen – poltern – knarren – murmeln – fragen – schimpfen

Einen Entwurf schreiben

d Schreibe einen Entwurf der Geschichte in dein Heft. Nutze dazu deine Ergebnisse aus den Aufgaben a bis c.

e Denke dir eine interessante Überschrift aus, die nicht alles verrät, und schreibe sie über den Text.

2 Überarbeite deinen Entwurf mithilfe der folgenden Checkliste.

Überarbeiten

- *Schreibaufgabe beachtet?* ☐
- *Personen, Orte genau beschrieben?* ☐
- *Anschauliche Adjektive und Verben verwendet?* ☐
- *Abwechslungsreiche Satzanfänge gestaltet?* ☐
- *Wörtliche Rede eingebaut?* ☐
- *Einleitung und Schluss gelungen?* ☐
- *Interessante Überschrift gefunden?* ☐
- *Rechtschreibung geprüft?* ☐

Beschreiben

Eine Person beschreiben

!

Bei einer **Personenbeschreibung** beschreibt man die äußeren Merkmale eines Menschen. Umfang und Inhalt einer Personenbeschreibung hängen vom Zweck und vom Adressaten der Beschreibung ab. Folgende Angaben sollten enthalten sein:
- **Gesamterscheinung**: Geschlecht, Alter, Größe, Figur,
- **Einzelheiten**: Gesicht, Augen, Nase, Mund, Haare, Arme, Beine, Kleidung, Schmuck,
- **besondere Merkmale**: Narben, Leberfleck, Gang, ...

Die Sprache der Personenbeschreibung ist sachlich und genau, niemand wird lächerlich gemacht oder beleidigt.

1 In seinem Roman „Alter John“ beschreibt Peter Härtling den Großvater.

a Lies den folgenden Textauszug.

Alter John besuchte sie zum ersten Mal. Er reiste nicht gerne. Von Schleswig, wo er lebte, nach Stuttgart war es eine anstrengende Reise. Mutter, Laura und Jakob hatten ihn vom Bahnhof abgeholt. Sie erkannten ihn sofort, als er aus dem Wagen stieg. Er war lang, dünn, hatte einen schmalen, beinahe aus-
5 gemergelten Kopf und an seinem Kinn hing ein ausgefranster Spitzbart. Es sah komisch aus, als Mutter ihn umarmte. So, als ob sie einen Laternenpfahl umklammerte. [...]
Auf dem Kopf trug er eine karierte Schirmmütze. [...] Alter John ging auf Mutter zu. Bei jedem Schritt knickte er ein bisschen ein, als hätte er schlecht
10 geölte Scharniere in den Knien.

b Suche aus dem Text die Beschreibungen von Alter John heraus und trage sie in die Tabelle ein.

Merkmal	Beschreibung
Gesamterscheinung (Geschlecht, Alter, Größe, Figur)	
Einzelheiten (Kopf, Arme, Beine, Kleidung, Schmuck usw.)	
besondere Merkmale	

2 Bei einer Personenbeschreibung kommt es besonders auf treffende Adjektive an. Sammle weitere Adjektive und ergänze die Tabelle.

Figur: *dick,* ______

Gesicht: *kantig,* ______

Augen: *blaugrau,* ______

Mund: *schmal,* ______

3 Beschreibe auffällige äußere Merkmale der abgebildeten Personen.

1. eine ältere Frau mit einer großen Nase und ______

______

______

2. ______

______

______

4 Stelle dir vor, eine der abgebildeten Personen ist die Hauptfigur in deiner Fantasiegeschichte. Gib ihr einen Namen und beschreibe ihr Aussehen so, dass die Leser sie sich gut vorstellen können.

Die Beschreibung planen

a Fertige zuerst einen Steckbrief an.

Geschlecht:	*Nase:*
Alter:	*Mund:*
Größe:	*Haare:*
Figur:	*Kleidung:*
Gesicht:	*besondere Merkmale:*
Augen:	

Den Entwurf schreiben und überarbeiten

b Formuliere deine Personenbeschreibung und schreibe sie in dein Heft. Überarbeite den Entwurf und schreibe eine Endfassung.

Eine Pflanze beschreiben

Die **Beschreibung einer Pflanze** sollte anschaulich und genau sein, damit man die Pflanze wiedererkennen und von anderen unterscheiden kann. Folgende Angaben sollten enthalten sein:

- **Vorkommen**, z.B.: *blüht von April bis Mai auf trockenen Wiesen,*
- **Bestandteile**, z.B.: *Blüte, Früchte, Blätter, Sprossachse,*
- **Verwendung** bzw. **Essbarkeit** der einzelnen Bestandteile.

Man sollte **Fachwörter** verwenden und einfache, übersichtliche Sätze schreiben.

1

a Lies die folgende Pflanzenbeschreibung aus einem Biologielehrbuch.

Von März bis April blüht der 7 cm bis 20 cm hohe Huflattich. Seine gelben Blütenstände leuchten auf Schuttflächen, an Wegen und Ackerrändern mit lehmigen Böden. Die rundlichen oder herzförmigen grünen Blätter sind auf der Unterseite von feinen weißen Haaren wie mit einem Filz bedeckt. Sie entfalten sich erst, wenn die Pflanze schon verblüht ist.
Der Huflattich ist eine Heilpflanze. Blüten und Blätter werden für die Herstellung von Hustentee verwendet.

b Ordne die beschreibenden Textteile richtig zu.

Vorkommen: ______________________________

____

Blüten: ______________________________

____

Blätter: ______________________________

____

Verwendung: ______________________________

2 Verbinde die Abbildungen mit dem passenden Wort durch eine Linie.

eiförmig – gefiedert – herzförmig– gelappt – glatt – gesägt – gebuchtet

Blatt-form

Blatt-rand

3 Für ein Biologieprojekt „Einheimische Heilpflanzen“ sollst du die Echte Kamille beschreiben.

Die Beschreibung planen

a Sieh dir die Abbildung genau an und notiere dir Stichpunkte. Nutze die Wortliste.

WORTLISTE
gefiedert – verzweigt – Zungenblüten – Röhrenblüten – weiß – gelb – 15 bis 50 cm

Blüten: ______________________

____

Blätter: ______________________

Sprossachse: ______________________

Größe: ______________________

b Ergänze die Stichpunkte. Schlage dazu in einem Pflanzenbuch oder Lexikon nach bzw. suche im Internet.

Vorkommen: ______________________

Blütezeit: ______________________

Verwendung: ______________________

Einen Entwurf schreiben

c Formuliere die Beschreibung in ganzen Sätzen.

Die Echte Kamille ist ein Korbblütengewächs. Sie ______________________

____

____

____

____

____

____

____

____

Den Entwurf überarbeiten

d Überarbeite deinen Entwurf und schreibe die Endfassung in dein Heft. Achte besonders auf eine sinnvolle Anordnung der Merkmale und auf die genaue Wortwahl.

Einen Vorgang beschreiben

!

Vorgangsbeschreibungen sind oft Anleitungen zum Handeln. Sie beginnen mit einer Materialliste, danach folgt die Handlungsanleitung. Die Vorgangsbeschreibung muss nachvollziehbar sein, das heißt, die **Teilhandlungen** müssen in der **richtigen Reihenfolge** und möglichst genau benannt werden. Dazu verwendet man **Fachausdrücke** und **passende Verben**. Die Vorgangsbeschreibung kann auf unterschiedliche Weise formuliert sein, z. B.:

- **persönlich:** *Lege das Ei hinein. Dann gibst du feines Salz in das Wasser.*
- **unpersönlich**: *Man nimmt das Ei aus dem Wasser.* (*man*-Form)
  Das Glas wird mit Wasser gefüllt. (Verbform im Passiv)

1 Im Physikunterricht soll Paul seinen Mitschülern ein Experiment vorführen. Auf dem Arbeitsblatt ist jedoch die Reihenfolge der Handlungsschritte durcheinandergeraten.

Textteile planen und gestalten

a Ordne den Text in der richtigen Reihenfolge und trage die Nummern in die Kästchen ein.

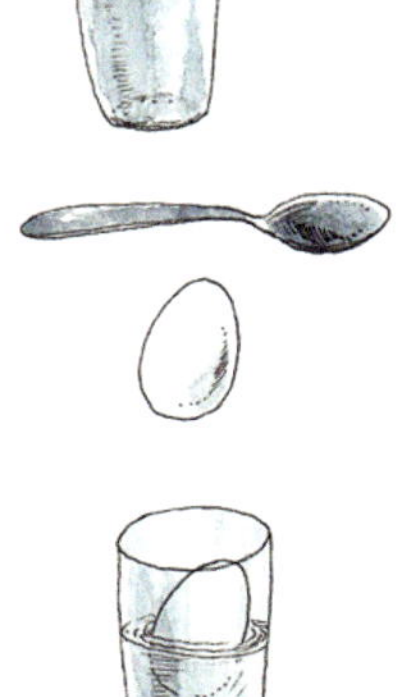

Der Salzlakeneffekt

☐ Nimm das Ei aus dem Wasser, gib zehn Teelöffel feines Salz in das Glas und rühre um, bis es sich aufgelöst hat: Nun hast du Salzlake.

☐ Lege das Ei wieder hinein. Das Ei schwimmt in der Mitte des Glases.

1 Gieße das Glas halbvoll mit Wasser und lege mithilfe des Esslöffels vorsichtig das Ei hinein. Das Ei bleibt auf dem Boden des Glases liegen.

☐ Lege das Ei nun wieder hinein. Das Ei schwimmt.

☐ Nimm das Ei aus dem Wasser und gieße langsam Wasser nach, bis das Glas voll ist.

☐ Was ist passiert? Das Ei hat eine größere Dichte als Wasser, daher sinkt es. Salzwasser ist dagegen dichter als Süßwasser, sodass das Ei darauf schwimmt. Das Süßwasser schwimmt auf dem Salzwasser und demzufolge bleibt das Ei in der Mitte dazwischen.

b Schreibe aus der Vorgangsbeschreibung der Aufgabe a alle Gegenstände und Zutaten für die Materialliste heraus.

___

___

WORTLISTE
danach – nun – daraufhin – im Anschluss daran – zuerst – anschließend – zum Schluss

2 Die Sätze der Vorgangsbeschreibung sollten sinnvoll miteinander verknüpft werden. Setze in den Text die passenden Satzanfänge aus der Wortliste ein.

__________ wird die Lampe ausgeschaltet. __________ wird die Sicherung herausgedreht bzw. ausgeschaltet, da sonst die Gefahr eines Stromschlags besteht. __________ löst man die defekte Energiesparlampe vorsichtig durch Linksdrehung aus der Fassung. __________ wird die neue Lampe mit einer entsprechenden Rechtsdrehung – nicht zu fest – eingeschraubt. __________ kann man die Sicherung wieder einsetzen. __________ schaltet man das Licht wieder ein, um zu prüfen, ob die neue Energiesparlampe in Ordnung ist. __________ wird die alte Lampe umweltverträglich entsorgt.

Einen Entwurf schreiben

3 Formuliere nun die Vorgangsbeschreibung aus Aufgabe 1 a in der unpersönlichen Ausdrucksweise. Benutze die *man*-Form.

TIPP
Achte auf passende Satzanfänge.

Berichten

In einem Bericht wird knapp und sachlich über Ereignisse informiert. Die Auswahl der Informationen und die Gestaltung des Berichts hängen davon ab, worüber, wozu und für wen man berichtet.
Meist werden in einem Bericht die wichtigsten ***W*-Fragen** beantwortet:

- **Was** ist geschehen?
- **Wer** war daran beteiligt?
- **Wo** ist es geschehen?
- **Wann** hat es sich ereignet?
- **Wie** ist es abgelaufen?
- **Warum** geschah es?
- **Welche** Folgen hatte es?

In welcher Zeitform man berichtet, hängt vom Inhalt und vom Zweck des Berichts ab. Schriftliche Berichte über vergangene Ereignisse werden meist im Präteritum verfasst.

1

a Lies den folgenden Zeitungsbericht.

Schuhverrückter Fuchs klaut wieder
Föhren/dpa – Der schuhverrückte Fuchs aus Föhren (Rheinland-Pfalz) kann es einfach nicht lassen: Er klaut weiter. Allein oder mit familiärer Unterstützung hat er gerade wieder drei neue Trophäen aus Gärten, Hauseingängen und von Terrassen in den Wald geschleppt: einen Gummistiefel, einen Turnschuh und einen Pumps. Mehr als 200 Schuhe hat der Fuchs mit dem Schuhtick auf seinen nächtlichen Diebestouren mittlerweile gestohlen. Seinen Bau (Foto), an dem im Juni die ersten 120 Schuhe entdeckt wurden, hat der Fuchs inzwischen aufgegeben. Der neue Sammelplatz wurde 150 Meter weiter entdeckt.

b Unterstreiche im Text der Aufgabe a die Antworten auf die *W*-Fragen in den entsprechenden Farben.

Was? Wer? Wo? Wann? Wie? Warum?

c Um den Bericht unterhaltsam und spannend zu gestalten, wurden verschiedene Zeitformen verwendet. Suche je ein Beispiel dafür heraus.

Präsens: ______________________

Perfekt: ______________________

Präteritum: ______________________

TIPP
Nutze den Merkkasten auf S. 17.

d Außerdem wurde in dem Bericht sowohl die persönliche als auch die unpersönliche Ausdrucksweise verwendet. Schreibe je ein Beispiel heraus.

persönliche Ausdrucksweise: ______

unpersönliche Ausdrucksweise: ______

2 Im Pressebericht der Polizei wird das Geschehen viel knapper dargestellt.

a Unterstreiche die Mittel der unpersönlichen Ausdrucksweise.

Seltsame Schuhdiebstähle aufgeklärt
In Föhren (Rheinland-Pfalz) wurden zahlreiche Schuhdiebstähle aufgeklärt. Man entdeckte mehr als 120 aus Gärten, Hauseingängen und von Terrassen verschwundene Schuhe im Bau eines Fuchses. Weiteres Diebesgut wurde 150 Meter weiter im Wald gefunden. Mehr als 200 gestohlene Schuhe stellte man insgesamt sicher. Der Fuchs wurde allerdings noch nicht gesichtet.

b Bestimme die verwendete Zeitform.

______

3

a Schreibe die folgenden Sätze in der unpersönlichen Ausdrucksweise auf.

1 Die Polizei nahm zahlreiche Anzeigen auf.

______

2 Lange Zeit tappten die Behörden im Dunkeln.

______

3 Den entscheidenden Hinweis lieferte der Revierförster.

______

b Formuliere die Sätze im Präteritum.

1 Erst kürzlich hat der Fuchs drei neue Trophäen verschleppt.

______

2 Schnell hat man sein neues Versteck gefunden.

______

3 Der Förster hat die Polizei auf die richtige Spur gebracht.

______

4 Andrea ist Redakteurin der Schülerzeitung und bekommt die Aufgabe, vom Fußballturnier der 6. Klassen zu berichten.

Den Bericht planen

a Betrachte die Bildfolge genau. Schreibe zuerst die Antworten auf die *W*-Fragen auf.

Was? ____________________

Wer? ____________________

Wann? ____________________

Wo? ____________________

Wie? ____________________

Warum? ____________________

b Notiere Wörter, die eine zeitliche Reihenfolge zum Ausdruck bringen.

zuerst, ____________________

____

____

____

c Denke dir eine passende Überschrift für den Bericht aus.

____

d Übe sachliches Formulieren. Ersetze in den folgenden Sätzen alle unsachlichen Ausdrücke durch sachliche.

1 Wie die Verrückten rannten die Spieler auf das Tor zu.

2 Andreas diskutierte hektisch mit dem ungerechten Schiedsrichter.

3 Der Ball sauste wie ein geölter Blitz ins Tor.

Einen Entwurf schreiben

e Formuliere einen kurzen Bericht über das Fußballturnier der 6. Klassen für die Schülerzeitung. Nutze deine Stichpunkte aus der Aufgabe 4 a.

Den Entwurf überarbeiten

f Nutze die Randspalte für die abschließende Überarbeitung.

Ein Formular ausfüllen

!

Für viele Zwecke gibt es **Formulare**. Vor dem Ausfüllen sollte man ein Formular sorgfältig lesen und dann in gut lesbaren Druckbuchstaben ausfüllen. Oft kann man Abkürzungen verwenden, z.B.:
Straße – Str., Nummer – Nr.

1 Du willst dich in einem Sportverein für deine Lieblingssportart anmelden. Lies das Formular gründlich und fülle es in Druckbuchstaben aus.

Aufnahmeantrag

Hiermit beantrage ich meine Aufnahme/die Aufnahme meines Kindes* als Mitglied beim SV Eintracht Bad Dürrenberg.

Persönliche Angaben:

Vorname: ____________ Familienname: ____________

Geb.-datum: ________________________

Anschrift: ________________________

Tel.: ____________ E-Mail: ____________

____________ ____________

Ort, Datum — Unterschrift Antragsteller(in)/Erziehungsberechtigte(r)

Ich/Mein Kind* möchte an folgenden Angeboten teilnehmen:

____

____

____

☐ Erstmalige Aufnahme ☐ Verlängerte Mitgliedschaft

* Nichtzutreffendes bitte streichen.

Fabeln lesen und verstehen

!

Die **Fabel** (lat. *fabula* – Erzählung) ist ein kurzer erzählender oder gereimter Text. Zu ihren **Merkmalen** zählen:
- Tiere denken, handeln und sprechen wie Menschen,
- den Tieren sind bestimmte menschliche Eigenschaften zugeordnet, z. B.: *starker Wolf, listiger Fuchs*
- Fabeln enthalten eine Lehre (zentrale Aussage), die aus dem Text erschlossen werden kann oder die sogar genannt wird.

1 Ein bekannter französischer Fabeldichter des 17. Jahrhunderts war Jean de La Fontaine.

a Lies die folgende Fabel dieses Dichters.

Der Rabe und der Fuchs

Im Schnabel einen Käse haltend, hockt
Auf einem Baumast Meister Rabe.
Von dieses Käses Duft herbeigelockt,
Spricht Meister Fuchs, der schlaue Knabe:
5 „Ah, Herr von Rabe, guten Tag!
Wie nett Ihr seid und von wie feinem Schlag!
Entspricht dem glänzenden Gefieder
Nun auch der Wohlklang Eurer Lieder,
Dann seid der Phönix[1] Ihr in diesem Waldrevier."
10 Dem Raben hüpft das Herz vor Lust. Der Stimme Zier
Zu künden, tut mit stolzem Sinn
Er weit den Schnabel auf; da – fällt der Käse hin.
Der Fuchs nimmt ihn und spricht:
„Mein Freundchen, denkt an mich!
15 Ein jeder Schmeichler mästet sich
Vom Fette des, der willig auf ihn hört.
Die Lehr ist zweifellos wohl – einen Käse wert!"
Der Rabe, scham- und reuevoll,
Schwört – etwas spät – dass niemand ihn mehr fangen soll.

[1] Vogel aus einer altägyptischen Sage, der sich im Feuer verjüngt

b Formuliere in einem Satz, was der Rabe gelernt hat.

____

____

____

____

2 Den beiden Tieren werden Wesenseigenschaften von Menschen zugeschrieben.

a Suche die entsprechenden Textstellen und markiere sie.

b Notiere, welche menschlichen Eigenschaften in den markierten Textstellen beschrieben werden.

Rabe: ______________________________

____

Fuchs: ______________________________

____

Eine Fabel nacherzählen

TIPP
Lass bei Stichpunkten das Subjekt weg oder verwende das Verb im Infinitiv.

3
a Lies die Fabel noch einmal. Notiere den Inhalt in Stichpunkten.

____

____

____

____

____

____

____

____

b Erzähle die Fabel mithilfe der Stichpunkte mündlich nach.

●●● **4** Begründe, warum der Text eine Fabel ist.

____

____

____

____

Mit Gedichten umgehen

Um **Gedichte** miteinander zu **vergleichen**, untersucht man sie genau und findet Gemeinsamkeiten und Unterschiede heraus. Im Einzelnen betrachtet man z. B. Dichter, Thema, Grundstimmung, Strophen, Verse, Reimschema, sprachliche Bilder, sprachliche Besonderheiten.

1

a Lies das folgende Gedicht von Ludwig Uhland (1787–1862).

Frühlingsglaube

Die linden Lüfte sind erwacht,
Sie säuseln und weben Tag und Nacht,
Sie schaffen an allen Enden.
O frischer Duft, o neuer Klang!
5 Nun, armes Herze, sei nicht bang!
Nun muss sich alles, alles wenden.

Die Welt wird schöner mit jedem Tag,
Man weiß nicht, was noch werden mag,
10 Das Blühen will nicht enden.
Es blüht das fernste, tiefste Tal:
Nun, armes Herz, vergiss der Qual!
Nun muss sich alles, alles wenden.

b Lies das folgende Gedicht von Eduard Mörike (1804–1875).

Er ist's

Frühling lässt sein blaues Band
Wieder flattern durch die Lüfte;
Süße, wohlbekannte Düfte
Streifen ahnungsvoll das Land.
Veilchen träumen schon,
Wollen balde kommen.
– Horch, von fern ein leiser Harfenton!
Frühling, ja du bist's!
Dich hab ich vernommen!

c Untersuche die beiden Gedichte und ergänze die folgende Tabelle.

	Frühlingsglaube	**Er ist's**
Dichter	Ludwig Uhland	
Thema		

	Frühlingsglaube	**Er ist's**
Stimmung		
Strophen Verse Reim- schema		
sprachliche Bilder		
sprachliche Besonder- heiten		

d Suche in der Tabelle Gemeinsamkeiten und Unterschiede und markiere sie verschiedenfarbig.

e Fasse die Ergebnisse deines Vergleichs in wenigen Sätzen zusammen.

Sachtexte erschließen

Einem Text Informationen entnehmen

Um einen Sachtext richtig und vollständig zu verstehen, kann man die **5-Gang-Lesetechnik** nutzen:
1. den Text überfliegen,
2. Fragen an den Text stellen,
3. den Text gründlich lesen,
4. das Wichtigste zusammenfassen,
5. den Text noch einmal lesen.

Den Text überfliegen

a Lies die Überschrift des Textes in Aufgabe b und betrachte das zum Text gehörende Foto. Leite Vermutungen zum Thema und zum Inhalt des Textes ab.

____

____

b Überfliege den Text und prüfe, ob deine Erwartungen zutreffen.

Weißkopfseeadler – Der Stolze mit dem scharfen Blick

So weit das Auge reicht, sie sind überall: in Münzen geprägt, auf Banknoten gedruckt oder in Muskelpakete tätowiert. 1782 war er zum Wappenvogel der United States of America gekürt worden. In der Tat ist der Adler mit seinen weißen Kopf- und Schwanzfedern der attraktivste aller Greifvögel der USA. Aufrecht sitzend misst er rund einen Meter, die Spannweite seiner Schwingen erreicht mehr als das Doppelte.

Allerdings: Der Adler landete zwar auf dem Staatswappen, im realen Leben aber kam er auf erbärmliche Weise um. Heerscharen von Amerikanern stellten dem Weißkopf nach. Fischer neideten ihm seine schuppige Beute, Bauern und Viehzüchter behaupteten, er schlüge Hühner und Puten, Lämmer und Kälber, und manche glaubten noch die alten Märchen, dass Adler sich sogar an Menschenkindern vergreifen.

15 Also wurden die Vögel in Fallen gefangen, mit vergifteten Ködern umgebracht, vom Himmel oder von ihren Horsten geschossen – mit dem Segen der Behörden. In Alaska wurde sogar ein Kopfgeld auf die Vögel ausgesetzt. Es genügte, die Füße abzugeben, anfangs gab es für das Paar 50 Cent, später zwei Dollar. 128 000 Adler wurden auf diese Weise getötet. Keiner weiß, wie
20 viele tatsächlich umgebracht wurden.
Unter den weltweit 59 Adlerarten ist der Weißkopf der Einzige, der ausschließlich in Nordamerika heimisch ist. Er braucht abwechslungsreiche Landschaft, welche die Entstehung thermischer Aufwinde begünstigt; außerdem hohe Bäume zum Nestbau, und zwar in der Nähe von sauberen
25 Gewässern zum Fischen; allerdings: Auch Aas jedweder Art ist ihm gut genug.
Vorteilhaft ist wenig Störung durch Menschen zur Aufzucht der Jungen, die nach etwa zwölf Wochen flügge werden, dann als braun-weiß gesprenkelte Vögel anfangen, ihre eigenen Wege zu fliegen. Im vierten oder fünften Jahr
30 entwickeln sich weiße Kopf- und Schwanzfedern; gelbe Schnäbel und Augen signalisieren Geschlechtsreife. Paare finden sich fürs Leben, bauen ein Nest, das sie jeden Frühling wieder benutzen, bis dass der Tod sie im Alter von etwa dreißig Jahren scheidet – es sei denn, der Mensch spielt früher Schicksal.
35 1978 wurde der Weißkopfseeadler erstmals konsequent gesetzlich geschützt. Er kam auf die Liste der „vom Aussterben bedrohten Tiere". Heute ist der Weißkopfseeadler von der Liste der bedrohten Tierarten gestrichen. Es gibt wieder mehr als 5 800 Brutpaare, leider nur ein Bruchteil des einstigen Bestandes.

2 Um nach ganz bestimmten Informationen über den Weißkopfseeadler zu suchen, gehe folgendermaßen vor.

Fragen an den Text stellen

a Überlege dir drei Fragen, die du vom Text beantwortet haben möchtest.

1. Wie sieht ______________________

2. ______________________

3. ______________________

b Stelle zu diesen Fragen Schlüsselwörter zusammen, nach denen du beim Lesen gezielt suchen kannst.

1. Größe, Flügel, Farbe, Gefieder, ______

2. ______

3. ______

Den Text gründlich lesen

3

a Unterteile den Text aus Aufgabe 1 b in Abschnitte. Lies diese gründlich.

b Notiere unbekannte Wörter. Schlage ihre Bedeutung nach, wenn du sie nicht aus dem Textzusammenhang klären kannst.

______

______

______

______

______

______

______

c Formuliere für jeden Abschnitt eine passende Teilüberschrift.

1. ______

______

______

______

______

______

4 Suche im Text die Antworten auf die Fragen aus Aufgabe 2 a.

a Überfliege den Text und markiere die Schlüsselwörter aus Aufgabe 2 b.

Das Wichtigste zusammenfassen

b Lies die markierten Textstellen mit den Schlüsselwörtern genau und beantworte die Fragen in Stichpunkten.

TIPP
Die Antworten können in verschiedenen Abschnitten enthalten sein.

Den Text noch einmal lesen

5 Überprüfe, ob du dem Text alle wichtigen Informationen entnommen hast.

a Lies den Text noch einmal und markiere in jedem Abschnitt die wichtigsten Informationen.

b Fasse in Stichpunkten zusammen, was du im Text (S. 28–29, Aufgabe 1 b) über den Weißkopfseeadler erfahren hast.

TIPP
Du kannst Wichtiges unterstreichen, einkreisen oder farbig markieren.

Einer Grafik Informationen entnehmen

!

In Sachtexten sind häufig grafische Schaubilder, z. B. Tabellen oder **Grafiken**, enthalten. Sie informieren die Leser in anschaulicher Form über Zahlen, Vorgänge und Entwicklungen.
Aus Tabellen und Grafiken kann man **Informationen entnehmen**, indem man:
- die Überschrift liest und das Thema erkennt,
- die Bezeichnungen der Achsen des Diagramms bzw. der Spalten und Zeilen der Tabelle liest,
- den Darstellungen die konkreten Werte entnimmt,
- die Werte miteinander vergleicht und
- Schlussfolgerungen aus dem Vergleich zieht.

Eine Grafik untersuchen

1

a Lies den folgenden Text und betrachte das Diagramm.

Eine 6. Klasse hat sich an einer Thüringer Schule im Fach Ethik der Frage angenommen, was drei Generationen in ihrer Freizeit am liebsten machen. Die Klasse hat jeweils 30 Vertreter der einzelnen Gruppen (Jugendliche, Eltern, Großeltern) befragt und ihre Ergebnisse in Form eines Diagramms dargestellt.

Was machen Jugendliche, Eltern und Großeltern am liebsten in ihrer Freizeit?

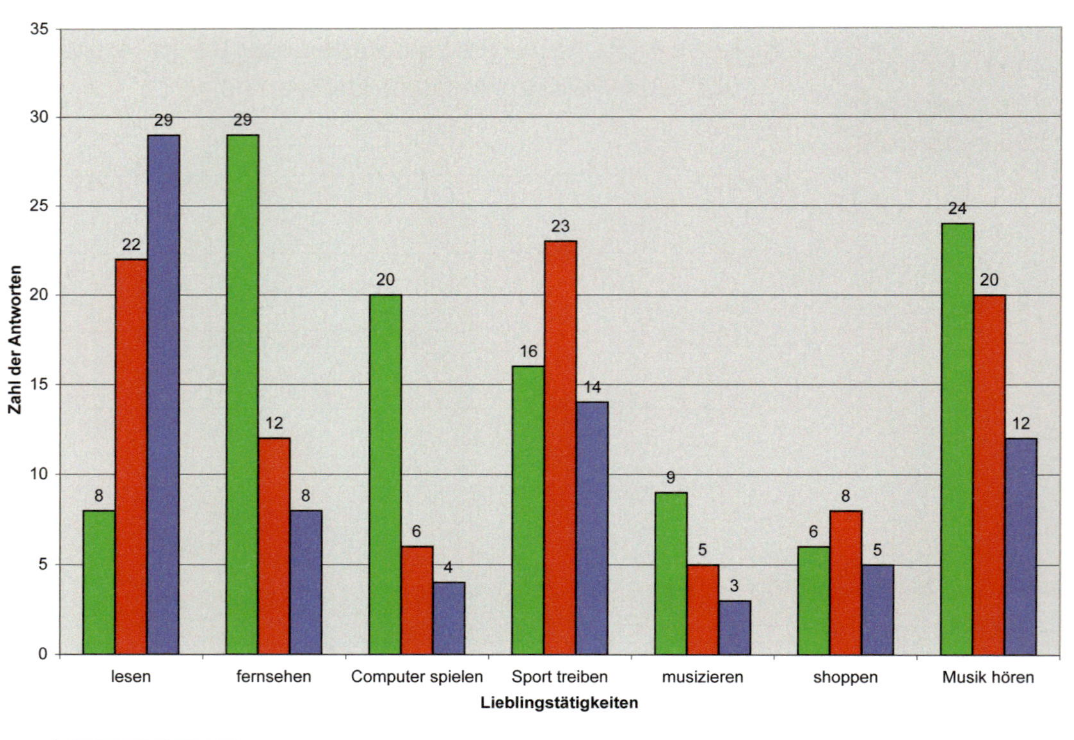

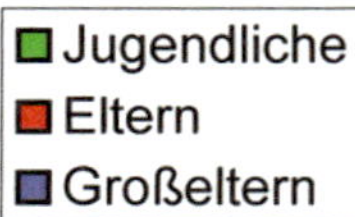

Eine Grafik untersuchen

b Worum geht es in dem Diagramm? Beantworte dazu folgende Fragen.

1 Was wird im Diagramm dargestellt? Sieh dir die Überschrift an.

2 Welche Daten werden angegeben? Beachte dazu die Beschriftung der Achsen und die Legende.

c Werte das Diagramm aus. Beantworte dazu folgende Fragen.

1 Was sind die drei Lieblingsfreizeitbeschäftigungen der Generationen?

Jugendliche:

Eltern:

Großeltern:

2 Bei welcher Generation liegen die Werte der drei Lieblingsbeschäftigungen weit auseinander?

3 Wo gibt es die größten Unterschiede zwischen Jugendlichen und Großeltern?

4 Bei welcher Freizeitbeschäftigung gibt es die geringsten Unterschiede?

____

5 Wo unterscheiden sich die Werte der Eltern stark von denen der Großeltern?

____

____

6 Welches Ergebnis hat dich am meisten überrascht? Begründe.

____

____

____

____

d Gib die wichtigsten Informationen des Diagramms in einem zusammenhängenden Text wieder. Nutze dazu die Ergebnisse der Aufgaben b und c.

____

____

____

____

____

____

____

____

____

____

____

Schwierige Textstellen entschlüsseln

Manchmal muss man **schwierige Textstellen entschlüsseln**. Dabei kann man so vorgehen:

1. den Text mehrmals lesen, auch laut,
2. die Textstellen markieren, die unverständlich sind,
3. Wörter im Wörterbuch nachschlagen, die man nicht aus dem Textzusammenhang erschließen kann,
4. längere Sätze in mehrere einfache Sätze zerlegen.

1 Lies die folgenden Sätze laut.

Wir wissen von wiederholten Flugversuchen des Menschen bis weit in die Vergangenheit hinein. Sie scheiterten nicht nur an den mangelnden technischen Mitteln, / sondern ebenso an dem tief verwurzelten Glauben der Menschen, dass der Himmel als Lebensraum übernatürlichen Wesen, Göttern, Engeln und Dämonen vorbehalten sei und deshalb den Erdbewohnern verschlossen bleiben müsse.

2 Löse den zweiten Satz in mehrere kurze Sätze auf.

a Überlege, welche Aussagen zusammengehören. Trenne diese Sinneinheiten mit einem Schrägstrich voneinander ab.

b Bilde aus den Sinneinheiten jeweils einen vollständigen Satz.

Sie scheiterten an ______________________________

____

____

____

____

____

____

____

____

Wortarten und Wortformen

Nomen/Substantive

!

Nomen/Substantive bezeichnen Lebewesen, Gegenstände, Gefühle, Vorstellungen, Vorgänge, Orte und Veranstaltungen, z.B.:
Tier, Auto, Angst, Urlaub, Beschreibung, Rostock, Konzert.
Nomen haben einen **Begleiter** (bestimmter oder unbestimmter Artikel, Possessivpronomen), an dem man meist das grammatische **Geschlecht** (Genus), die **Zahl** (Numerus) und den **Fall** (Kasus) erkennt.
Der Fall des Nomens wird durch Verben und Präpositionen bestimmt, z.B.:
Jana besucht ein Rockkonzert.
Wer? (Nominativ) besucht Wen? Was? (Akkusativ)
Sie fährt mit ihrer Freundin.
Wer? (Nominativ) fährt Mit wem? (Dativ)

1

a Unterstreiche im folgenden Text die Nomen/Substantive.

An vielen Schulen gibt es eine Schülerzeitung, die mehrmals in einem Schuljahr erscheint. Darin berichten Jungredakteure über das Leben an ihrer Schule und über Höhepunkte im Schulalltag. Es werden Termine bekannt gegeben, Lehrer oder Schüler vorgestellt und Umfragen gestartet. Manchmal veröffentlichen Mitschüler ihre Gedichte, Geschichten und Berichte. Auch die Gemeinde berichtet über ihre Aktivitäten. Eine interessante Bereicherung sind die Fotos, Zeichnungen, Comics oder Illustrationen.

b Ordne jeweils drei Nomen in jede Spalte der Tabelle ein.

Nomen mit bestimmtem Artikel	Nomen mit unbestimmtem Artikel	Nomen mit Possessivpronomen	Nomen ohne Begleiter
			Schulen

c Wähle drei Nomen aus der Aufgabe b aus. Bilde Singular- und Pluralform und schreibe sie jeweils mit dem bestimmten Artikel auf.

die Schule – die Schulen, ______

!

In der deutschen Sprache können alle **Verben** und **Adjektive** als Nomen/Substantiv gebraucht – also **nominalisiert/substantiviert** – werden. Sie haben dann die gleichen Merkmale wie Nomen, d.h.:
- sie werden **großgeschrieben**,
- sie können **dekliniert** werden,
- sie können **Begleiter** haben, z.B.:

das Berichten, das ausführliche Berichten, beim (bei dem) Berichten, das schillernde Bunt, dieses Bunte, mit dem Bunt (der Blätter).

2 Verben können nominalisiert/substantiviert werden.

a Unterstreiche im folgenden Text alle Verben.

Noch im alten Schuljahr plante die Projektgruppe eine Umfrage zu den Freizeitinteressen von Kindern und Erwachsenen. Die jungen Redakteure gingen mit Feuereifer an die Arbeit. Zunächst besprachen sie den zeitlichen Ablauf des Projektes. Sie merkten schnell, dass sie schon sehr lange den Fragebogen ausarbeiteten.

TIPP
Probiere für die Nominalisierung verschiedene mögliche Begleiter aus, z.B.:
das Merken, zum Merken, beim Merken.

b Ordne die Verben aus dem Text in die Tabelle ein und ergänze die fehlenden Formen.

Verb	Infinitiv	nominalisiertes Verb
plante	planen	beim Planen

c Verwende zwei nominalisierte Verben aus der Tabelle im Satz.

Das Planen war gar nicht so leicht.

3 Auch Adjektive können nominalisiert werden.

a Setze die folgenden Adjektive richtig in die Lücken ein. Entscheide, ob sie groß- oder kleingeschrieben werden.

anstrengend – toll – gut – riesig

1 Die Wochen waren mit anstrengender Arbeit ausgefüllt.

2 Dass sich viele an der Befragung beteiligen wollten, war etwas ___________.

3 Das ________________ an der Sache war, dass die meisten Fragebogen noch vor den Ferien zurückkamen.

4 Nun lag ein _____________________ Stapel Papier auf dem Redaktionstisch.

b Verwende die folgenden Adjektive jeweils als Attribut in einer Wortgruppe und als Nomen in einem Satz.

groß – jung – lustig – freundlich

die großen Blätter – Die Großen konnten gut helfen.

____

____

____

____

c Entscheide dich für Groß- oder Kleinschreibung und ergänze jeweils den fehlenden Buchstaben. Unterstreiche bei allen Nominalisierungen die Begleiter.

Vom Lesen und ___erstehen eines Textes

1 Beim ersten ___esen verschaffst du dir einen Überblick über den Inhalt.

2 Das ___arkieren von unbekannten Begriffen ist dabei zu empfehlen.

3 Beim ___liedern des Textes in Abschnitte musst du auf Sinnzusammenhänge achten.

4 Die wichtigsten Informationen solltest du ___erausschreiben.

5 Schreibe nur das wirklich ___ichtige auf.

6 Zuletzt kontrolliere das ___eschriebene.

Pronomen

!

Pronomen können **Stellvertreter** oder **Begleiter von Nomen/Substantiven** sein. Sie können wie diese dekliniert (gebeugt) werden. Du kennst:
- **Personalpronomen** (Stellvertreter): *ich, du, er, sie, es; wir, ihr, sie,*
- **Possessivpronomen** (Begleiter): *mein, dein, sein, ihr; unser, euer, ihr,*
- **Relativpronomen** (Stellvertreter): *der, die, das; welcher, welche, welches,*
- **Demonstrativpronomen** (Begleiter oder Stellvertreter): *dieser, diese, dieses; jener, jene, jenes; der, die, das.*

TIPP
Nimm den Merkkasten zu Hilfe.

1 Maria, die Chefredakteurin der Schülerzeitung, hat sich vorgestellt. Lies die Sätze. Ergänze in Klammern, was für ein Pronomen verwendet wurde.

1 Ich (*Personalpronomen*) heiße Maria. **2** Mein (______________________) Hobby ist das Malen. **3** Ich (______________________) habe im letzten Jahr bei einem Wettbewerb sogar einen Preis gewonnen. **4** Das (______________________) hat mich (______________________) sehr stolz gemacht. **5** Die Jury übergab mir (______________________) eine Urkunde, auf der (______________________) mein (______________________) Siegerbild zu sehen ist.

2

a Setze ein jeweils passendes Demonstrativpronomen ein.

1 Maria ist die Chefredakteurin. *Diese* Funktion erfordert viel Zeit.

2 Max und Nico beschäftigen sich mit Befragungen der Mitschüler. ________ ist manchmal ziemlich lustig.

3 Beim Schreiben der Artikel am Computer sind Tina und Benni die Schnellsten. ______________ Schnelligkeit ist schon beeindruckend.

b Unterstreiche im ersten Satz jeweils das Wort, auf das das Demonstrativpronomen hinweist.

3 Setze im Nebensatz die richtigen Relativpronomen ein.

1 An alle, __________ uns wichtige Hinweise geben können!

2 Der Fragebogen, __________ wir vorbereitet hatten, ist verschwunden.

3 Wer hat den Karton gesehen, in __________ alles aufbewahrt war?

Verben

!

Verben bilden finite (gebeugte) und infinite (ungebeugte) Verbformen. **Infinite Verbformen** sind:

- **Infinitiv**, z. B.: *lachen, lesen, beschreiben,*
- **Partizip I**, z. B.: *lachend, lesend, beschreibend,*
- **Partizip II**, z. B.: *gelacht, gelesen, beschrieben.*

Beide Partizipien kann man wie Adjektive verwenden.
Die **Partizipien** werden folgendermaßen **gebildet**:

- Partizip I   Verbstamm + *-(e)nd,*
- Partizip II   (*ge-* +) Verbstamm + *-en* oder *-t.*

1 Worüber wird in eurer Schülerzeitung berichtet? Ergänze die Tabelle.

Infinitiv	Partizip I	Partizip II	Wortgruppe
singen	singend	gesungen	singende Kinder
wandern	________	________	________
schreiben	________	________	________
jubeln	________	________	________
toben	________	________	________

2 Bilde von den folgenden Verben jeweils das Partizip II und setze es ein.

(sich) beteiligen – liegen – auswerten – verschwinden

1 Nun ist die grüne Mappe mit den ____________ Fragebogen weg.

2 Sie hatte im Redaktionsraum auf dem Tisch ____________.

3 Die ____________ Schüler ärgerten sich, dass die Ergebnisse ihrer Arbeit ____________ waren.

3 Unterstreiche in den folgenden Sätzen die Partizipien und bestimme sie.

1 Die Schüler schreiben über gelungene Veranstaltungen. (Part. II)

2 Manchmal veröffentlichen schreibende Mitschüler ihre Texte. (________)

3 Vor Kurzem hat die Redaktion für eine Umfrage passende Fragen zusammengestellt. (____________)

TIPP
Im Satz 3 sind zwei Partizipien zu finden.

!

Verben bilden **Zeitformen** (Tempusformen):
- das **Präsens** *Er freut sich.*
- das **Präteritum** *Er freute sich.*
- das **Perfekt** *Er hat sich gefreut.*
- das **Plusquamperfekt** *Er hatte sich gefreut.*
- das **Futur** *Er wird sich freuen.*

Spricht oder schreibt man im Präsens, dann verwendet man das Perfekt für die Handlung, die bereits zuvor abgeschlossen ist (**Vorzeitigkeit**), z. B.:
Sie haben für heute ihre Aufgaben erledigt und gehen nun nach Hause.
Perfekt Präsens

Spricht oder schreibt man im Präteritum, verwendet man das Plusquamperfekt für die Handlung, die zuvor bereits abgeschlossen war, z. B.:
Sie hatten ihre Aufgaben erledigt und gingen nun nach Hause.
Plusquamperfekt Präteritum

4

a Unterstreiche die Zeitformen der Verben.

1 O Schreck! Während der letzten Tage hatten die Fragebogen auf dem Tisch der Redaktion gelegen, gestern aber suchten sie vergeblich danach. **2** Irgendjemand hatte sie weggenommen. **3** Oder hatte man sie gar gestohlen? **4** Das hatte es noch nicht gegeben. **5** Den Schülern verschlug es die Sprache. **6** Warum nur hatten sie den Raum nicht abgeschlossen?

b Welche Zeitformen wurden verwendet? Begründe deine Feststellung.

____

____

5 Bestimme, welche Handlung zuerst stattgefunden hat, und setze das Verb in Klammern in der richtigen Zeitform ein.

1 Die Redaktionsmitglieder ____________________ die Fragebogen ____________________ und beginnen nun nachzuforschen. (verlieren)

2 Sie ____________________ alle Beteiligten ____________________, doch die Fragebogen bleiben verschwunden. (befragen)

3 Einige befürchten gar, dass man sie ____________________. (stehlen)

4 Sie prüfen nun noch einmal genau, wer die Fragebogen zuletzt ____________________. (sehen)

!

Von allen Verben kann man **Aktivformen** bilden, von vielen auch **Passivformen**.
- **Aktiv** (Betonung des Handelnden), z. B.:
  Die Schüler schreiben eine Suchmeldung.
- **Passiv** (Handelnder unwichtig oder unbekannt, *werden* + Partizip II), z. B.:
  Eine Suchmeldung wird (von den Schülern) geschrieben.

6 Ergänze in der Tabelle die fehlenden Formen.

	Aktivform	Passivform
Präsens	ich schreibe	der Brief wird
Präteritum	ich schrieb	
Perfekt		
Plusquamperfekt		
Futur		

7

a Unterstreiche im folgenden Aushang die handelnden Personen einmal, die Verbformen zweimal.

ACHTUNG! SEHR WICHTIG!
Wir vermissen wichtiges Informationsmaterial. Die Schülerredaktion sucht nach der Auswertung eurer Befragung. Wir benötigen dringend Hinweise zum Verschwinden der Papiere. Wir warten auf eure Ermittlungsergebnisse!

TIPP
Lies noch einmal im Merkkasten nach, wie die Passivform gebildet wird.

b Bilde zu den unterstrichenen Verben die Passivformen.

wird vermisst, ______

______

______

c Schreibe den Text des Aushangs aus Aufgabe a im Passiv in dein Heft. Welche Variante ist besser geeignet? Begründe.

Adverbien

Adverbien geben an, wann, wo, wie, warum etwas geschieht. Man unterscheidet:
- **Adverbien der Zeit** (Wann? Wie oft?), z. B.: *gestern, mittags, manchmal,*
- **Adverbien des Ortes** (Wo?, Wohin?), z. B.: *überall, unten, hinüber,*
- **Adverbien der Art und Weise** (Wie?), z. B.: *gern, ungern,*
- **Adverbien des Grundes** (Warum?), z. B.: *deswegen, deshalb, darum.*

1

a Ergänze die passenden Adverbien.

meistens – mittags – oft – draußen – manchmal – dann – gern

1 In den Ferien schlafe ich meistens bis ______________________.

2 ______________ wird es wirklich Zeit, ________________ zu spielen.

3 ________________________ treffe ich meine Freude.

4 Wir kochen ________________ zusammen, z. B. ________________

Spagetti mit Tomatensoße.

b Schreibe einen interessanten Bericht über deinen Tagesablauf für die Schülerzeitung. Verwende dabei einige der folgenden Adverbien.

morgens – mittags – nachmittags – abends – nachts – meistens – oft – gern – ungern – darum – draußen – drinnen

____

____

____

____

____

____

____

____

____

Numeralien

Numeralien sind **Zahlwörter**, die eine Menge oder eine Anzahl angeben. Man unterscheidet zwei Arten:
- **bestimmte Numeralien**, z. B.: *eins, zwei, hundert, tausendster,*
- **unbestimmte Numeralien**, z. B.: *alle, viele, einige, mehrere.*

Numeralien gehören zu **verschiedenen Wortarten**:
- Nomen: *Millionen Menschen saßen am Bildschirm.*
- Adjektiv: *Viele Menschen warteten gespannt auf das Sportereignis.*
- Adverb: *Leider fiel zweimal das Bild aus.*

1 Unterstreiche in den Sprichwörtern und Märchentiteln die Numeralien.

1 Viele Köche verderben den Brei.

2 Wenn zwei sich streiten, freut sich der Dritte.

3 Einer für alle, alle für einen.

4 Wer viel wagt, gewinnt.

5 Der Wolf und die sieben Geißlein

6 Sechs(e) kommen durch die ganze Welt

a Markiere in dem Rezept alle Numeralien.

Für alle Hamburger-Fans: Zutaten für vier gesunde Hamburger
- vier Vollkornbrötchen
- 300 g Rinderhack
- einige Salatblätter
- zwei Zwiebeln
- zwei Tomaten
- saure Gürkchen, so viele wie du magst
- wenig Majo
- etwas Salz, Pfeffer, verschiedene Kräuter

b Ordne die Numeralien aus Aufgabe a richtig zu.

bestimmte Numeralien: ______________________________

____

unbestimmte Numeralien: ______________________________

____

Satzbau und Zeichensetzung

Der einfache Satz

!

Der Satzbau und die **Satzart** sind abhängig von der Aussageabsicht des Sprechers bzw. Schreibers.
- **Aussagesatz:** informieren oder etwas mitteilen, Satzschlusszeichen: Punkt, finite Verbform an zweiter Stelle.
- **Fragesatz:** nach einer Sache fragen, Satzschlusszeichen: Fragezeichen, Fragewort oder finite Verbform an erster Stelle.
- **Aufforderungssatz:** zum Handeln auffordern, Satzschlusszeichen: Ausrufezeichen oder Punkt, finite Verbform an erster Stelle.

Auch mit der Umstellung von **Satzgliedern** kann man unterschiedliche Aussageabsichten verwirklichen. Mithilfe der **Umstellprobe** kann man die Satzglieder eines Satzes ermitteln.

1

a Bilde mit den beiden Verben aus der Wortliste je einen Aussagesatz, einen Fragesatz und einen Aufforderungssatz.

WORTLISTE
telefonieren – finden

____

____

____

____

____

____

b Markiere die Satzschlusszeichen farbig und unterstreiche die finiten Verbformen.

2

a Bestimme die Satzart der folgenden Sätze.

1 Milch macht müde Männer munter. ______________

2 Taucht Tine tiefer in Tunesien? ______________

3 Basti, bau billige Baumhäuser! ______________

b Wähle einen Satz aus und stelle mündlich die Satzglieder so oft wie möglich um. Welche Satzart entsteht? Nenne die Aussageabsicht.

Subjekt und Prädikat

!

Ein Satz besitzt ein Subjekt und ein Prädikat, welche durch weitere Satzglieder ergänzt werden können. Subjekt und Prädikat bilden den **Satzkern**.

Das **Subjekt** (Wer? Was?) ist der Satzgegenstand, es steht im Nominativ.
Das **Prädikat** (Was wird über das Subjekt ausgesagt?) sagt etwas über das Subjekt aus. Es kann ein- oder mehrteilig sein. Mehrteilige Prädikate können andere Satzglieder einrahmen (**prädikativer Rahmen**).
Mehrere Schüler gaben Hinweise.
Wer? Subjekt Was wird ausgesagt? Prädikat
Die Fragebogen wurden unter einem Stapel Papier gefunden.
Was? Subjekt Was wird ausgesagt? Prädikat/ prädikativer Rahmen

TIPP
Das Subjekt muss nicht an erster Stelle im Satz stehen.

1

a Unterstreiche das Subjekt einmal, das Prädikat zweimal und bestimme deren Zahl.

1 Die Fragebogen haben sich wieder angefunden. (Plural)
2 Nun steht die schwierigste Aufgabe noch bevor. (________)
3 Die Redaktionsmitglieder müssen die Antworten auswerten. (________)
4 Sie müssen Strichlisten führen und Stimmen auszählen. (________)
5 Zum Schluss wird Maria ein Diagramm zur Auswertung erstellen. (________)
6 Maik wird einen Artikel für die Schülerzeitung schreiben. (________)

b Kennzeichne den prädikativen Rahmen jeweils durch eine Linie.

2

a Bilde mithilfe der folgenden Verben Sätze im Präsens oder Präteritum.

ablehnen – nachfragen – abfragen – zurückgehen – durchsagen

1. Ich lehne ________

____

____

____

____

b Kennzeichne den prädikativen Rahmen wie in Aufgabe 1c.

Objekt (Ergänzung)

Das Objekt ergänzt das Prädikat. Der Fall des Objekts ist vom Verb oder einer Präposition abhängig. Man unterscheidet:

- **Akkusativobjekt** (Wen? Was?), z. B.: *Sie gaben interessante Antworten*.
- **Dativobjekt** (Wem?), z. B.: *Diese gefielen der Redaktion*.
- **Genitivobjekt** (Wessen?), z. B.: *Sie erinnerten sich des schweren Anfangs*.
- **Präpositionalobjekt** (Fall hängt von Präposition ab), z. B.:

Jana und Sandra beschäftigen sich mit Fotografie. Womit? Dativ
Sie sprechen oft über ihr Hobby. Worüber? (Über was?) Akkusativ
Das Genitivobjekt wird heute meist in der Schriftsprache verwendet.

1

TIPP
Du solltest zwei Genitivobjekte finden.

a Ermittle mithilfe der Fragen, um welche Objekte es sich bei den unterstrichenen Satzgliedern handelt. Schreibe die Frage auf.

1 Die Chefredakteurin berief die nächste Redaktionssitzung ein.

Was berief die Chefredakteurin ein? → Akkusativobjekt

2 Die Schüler hörten ihr aufmerksam zu.

____

3 Alle erfreuten sich bester Laune.

____

4 Heute wollten sie die spannendsten Freizeitbeschäftigungen auswählen.

____

5 Diese Arbeit bedurfte einiger Geduld.

____

b Welches Objekt verlangen diese Verben? Ordne sie richtig ein.

TIPP
Wenn du unsicher bist, bilde kurze Sätze und nutze die Frageprobe.

antworten – anrufen – sich rühmen – begegnen – fragen – sich erfreuen

Genitivobjekt	Dativobjekt	Akkusativobjekt

2

a Welche Wörter kann man sinnvoll zu einer Wortgruppe zusammenfügen? Verbinde sie durch eine Linie.

sich bedienen	der Stimme
sich erfreuen	der Mithilfe
sich entledigen	großer Beliebtheit
sich enthalten	der vielen Arbeit

b Bilde mit den Wortgruppen aus Aufgabe a Sätze. Unterstreiche das Prädikat zweimal, das Genitivobjekt einmal.

____

____

____

____

3

a Unterstreiche in den folgenden Sätzen die Verben zweimal und die dazugehörigen Präpositionalobjekte einmal.

1 Viele Schüler schreiben auch über ihre Hobbys.

2 Manche beschäftigen sich zum Beispiel mit seltenen Tieren.

3 Sie erzählen von Vereinen, Arbeitsgemeinschaften, Clubs und Jugendtreffpunkten.

4 Die Redakteure hoffen auf weitere Informationen.

5 Sie verabreden sich mit ihrer Lehrerin.

6 Morgen wollen sie sich um weitere Projekte kümmern.

●●● b Schreibe den Infinitiv der Verben aus Aufgabe a mit der dazugehörigen Präposition heraus. Ergänze das Fragewort und bestimme den Fall des Präpositionalobjekts.

____

____

____

____

____

Adverbialbestimmung (Umstandsbestimmung)

!

Prädikate werden oft durch Adverbialbestimmungen näher bestimmt. Man unterscheidet:

- **Temporalbestimmung**: Wann? Wie lange? Bis wann? Seit wann?
- **Lokalbestimmung**: Wo? Woher? Wohin?
- **Adverbialbestimmung der Art und Weise (Modalbestimmung)**: Wie? Auf welche Art und Weise?
- **Adverbialbestimmung des Grundes (Kausalbestimmung)**: Weswegen? Aus welchem Grund? Warum?

1

a Unterstreiche im Text alle Temporal- und Lokalbestimmungen.

Die Redaktion fand in den letzten Tagen oft Post in ihrem Briefkasten. Michelle schrieb unter anderem: Ich habe mich sofort an die Arbeit gemacht, als ich euren Aufruf im Schaukasten las. Ich bin gleich in mein Zimmer gegangen und habe nach interessanten Materialien gesucht. Da mein Hobby das Fotografieren ist, bin ich häufig in der Natur unterwegs. Viele schöne Fotos konnte ich schon in meine Alben einkleben.

b Ordne die Adverbialbestimmungen in die richtige Spalte der Tabelle ein.

Temporalbestimmung	Lokalbestimmung

2

a Unterstreiche in den Sätzen die Adverbialbestimmungen der Art und Weise (Modalbestimmungen).

TIPP
Lies im Merkkasten nach, wie du danach fragen kannst.

1 Die Redaktionsmitglieder einigten sich schnell, welche Schüler sie noch einmal interviewen wollten.

2 Voller Erwartung sprachen sie Nick, Pascal und Robin an.

3 Die Jungen wunderten sich sehr, dass die erste Wahl auf sie gefallen war.

b Auf welche Art und Weise kann man etwas tun? Schreibe mindestens je zwei Möglichkeiten auf.

spielen: lautlos, ______________ schwimmen: ______________

laufen: ______________ basteln: ______________

sprechen: ______________ toben: ______________

3 Suche in den folgenden Sätzen nach Adverbialbestimmungen des Grundes (Kausalbestimmungen). Unterstreiche sie, schreibe die passende Frage auf.

1 Weil Nick, Pascal und Robin sehr interessante Antworten auf einige Fragen gegeben hatten, sollten nun alle Schüler etwas über ihr Hobby erfahren.

Warum sollten alle Schüler ______________

2 Wegen der drängenden Zeit luden die drei Jungen die Schülerredaktion gleich in ihr Vereinshaus ein.

____

3 Da sie es nicht allein betreten durften, baten sie ihren „Chef", auch zu kommen.

____

4 Der freute sich riesig, weil noch nicht genug Leute von ihnen und ihren Aktivitäten wussten.

____

●●● 4 Du hast bestimmt schon mal eine wichtige Sache vergessen oder bist zu spät gekommen. Überlege dir witzige Ausreden, die dein Versäumnis erklären. Schreibe fünf Sätze auf, verwende Adverbialbestimmungen des Grundes. Nutze auch die Wortliste.

WORTLISTE
wegen – weil – aufgrund – deshalb

Leider konnte ich nicht kommen, weil mein Hamster Ohrenschmerzen hatte.

____

____

____

____

Attribut (Beifügung)

Attribute sind **Satzgliedteile**, die ein Nomen näher bestimmen. Sie können vor oder hinter dem Nomen stehen. Attribute kann man mit den Fragen *Welche(-r, -s)? Was für ein(-e)?* ermitteln, z. B.:

die neuen Küchengeräte Was für Küchengeräte?
der Topf ohne Henkel Welcher Topf?

1

a Unterstreiche in den Sätzen die Attribute.

1 Die Redakteure der Schülerzeitung staunen, als sie das Vereinshaus betreten.

2 Sie stehen in einem kleinen Museum.

3 Sie sehen viele unbekannte Gegenstände.

b Welche Attribute beschreiben welche Nomen genauer?
Verbinde sie durch Linien.

ein Trichter	mit Teppich
das Muster	vom Aluminiumtopf
der Griff	aus Holz
ein Webstuhl	der Kaffeekanne
die Speichen	aus Messing

c Bilde Sätze, in denen du die Nomen aus Aufgabe b mit den passenden Attributen verwendest. Nutze die Wortliste.

Sie bewundern einen Trichter aus ___________

____

____

____

____

____

WORTLISTE
sehen –
bestaunen –
bewundern –
ausprobieren –
befühlen

Der zusammengesetzte Satz

Satzgefüge

!

Aus Sätzen, die inhaltlich eng verbunden sind, kann man zusammengesetzte Sätze bilden. Man unterscheidet **Satzgefüge**, **Satzreihen** (Satzverbindungen) und **mehrfach zusammengesetzte Sätze**.
Satzgefüge bestehen aus **Hauptsatz** und **Nebensatz**. Sie werden häufig durch **Konjunktionen** (*weil, wenn, dass, bevor*) oder **Relativpronomen** (*der, die, das; welche*) verbunden und immer durch ein **Komma** voneinander abgegrenzt.
Nebensätze erkennt man daran, dass
- die finite Verbform an letzter Stelle steht, z. B.: *Es freut mich, dass du da bist.*
- am Anfang meist ein Einleitewort steht, z. B.: *Da es regnet, bleiben wir hier.*

Im **Hauptsatz** steht die finite Verbform meist an zweiter Stelle, z. B.:
Es dauerte aber fast zwei Jahre, bis die Räume eingerichtet waren.

HAUPTSATZ , NEBENSATZ .

1

a Setze die passenden Konjunktionen aus der Wortliste in die Lücken ein.

WORTLISTE
da – dass – seitdem – wenn – weil

1 ______ die Vereinsmitglieder in ihren Trachten unterwegs sind, schmunzeln manchmal auch einige Leute.

2 Sie finden es gewöhnungsbedürftig, ______ die Männer und Frauen mit seltsamen Kopfbedeckungen herumlaufen.

3 ______ sie jedoch bei vielen Veranstaltungen dabei gewesen sind, gewöhnen sich die meisten an die außergewöhnliche Gruppe.

4 Sie haben viele Freunde gefunden, ______ sie zeigen, wie die Menschen früher in diesem Gebiet gelebt haben.

5 ______ die Vereinsmitglieder aus vielen Berufsgruppen kommen, können sie viele Reparaturen an Kleidung und alten Geräten selbst ausführen.

b Bestimme in jedem Satz die Haupt- und Nebensätze. Zeichne die Satzbilder.

TIPP
HS: finite Verbform an zweiter Stelle
NS: finite Verbform an letzter Stelle

1. NS, ______

______

______

WORTLISTE
da – dass – weil – obwohl

2 Verbinde die Teilsätze durch passende Konjunktionen und setze die fehlenden Kommas. Nutze die Wörter aus der Wortliste.

1 ______________ das Gebäude nur aus drei Räumen besteht musste die Gestaltung genau überlegt werden.

2 Man entschied sich für das Einrichten einer richtigen Wohnung ________ sehr viel Hausrat aus alten Zeiten zusammengetragen worden war.

3 ______________ viele Gegenstände heute nicht mehr bekannt sind kann man durch Ausprobieren ihren ursprünglichen Zweck erahnen.

4 Es freut die Gestalter ______________ heute oft Gruppen aus Kindergärten und Schulen zur Besichtigung und zum Lernen kommen.

TIPP
Die Sätze musst du dabei leicht verändern. Beachte, dass du zwei Kommas setzen musst, wenn der Nebensatz in den Hauptsatz eingeschoben ist.

3 Verbinde die folgenden Teilsätze durch das Relativpronomen, das in Klammern steht. Setze das Komma an die richtige Stelle.

1 Das Schmuckstück der Küche ist ein alter Herd. Er ist schon über 100 Jahre alt. (der)

____

____

2 Die Vereinsmitglieder polieren ihn liebevoll auf Hochglanz. Die Vereinsmitglieder haben Putzdienst. (die)

____

____

3 An besonderen Festtagen wird der Herd sogar angefeuert. Die Festtage gestaltet der Verein meist mit. (welche)

____

____

4 Viele Leute kommen und probieren die leckeren Gerichte. Die leckeren Gerichte kennen sie entweder noch aus ihrer Kindheit oder gar nicht. (die)

____

____

4 Bilde Satzgefüge. Erkläre die unterstrichenen Nomen mithilfe von Relativsätzen. Verwende die Angaben in Klammern. Setze die Kommas.

TIPP
Die Sätze musst du dabei leicht verändern. Beachte, dass manchmal zwei Kommas nötig sind.

1 Auch andere Küchengeräte kommen zum Einsatz. (sehr alt)

Auch andere Küchengeräte, die sehr alt sind, ________________

____

2 Aufsehen erregt immer wieder eine Backmulde. (besteht aus Holz)

____

____

3 In der Backmulde werden verschiedene Teige geknetet. (1,20 m lang, 50 cm tief)

____

____

4 In der Scheune steht ein großer Leiterwagen. (stammt aus dem 18. Jahrhundert)

____

____

5 In der Küche findet man ein Butterfass. (fasst 50 Liter Milch)

____

____

5 Setze die fehlenden Kommas. Unterstreiche in den Nebensätzen die Einleitewörter (Konjunktionen, Relativpronomen) verschiedenfarbig.

TIPP
Suche auch nach den Subjekten und den dazugehörenden finiten Verbformen.

1 Die Besucher erfahren dass der kleine Verein erst seit fünf Jahren besteht.
2 Der Verein dessen Mitglieder sich sehr für die Geschichte ihrer Stadt interessieren sammelte viele Informationen und historische Gegenstände.
3 Eine kleine Firma die die Arbeit des Vereins unterstützt stellte einen Raum für die Ausstellung zur Verfügung.
4 Weil inzwischen sogar 200 Jahre alte Gegenstände zu besichtigen sind kommen zahlreiche Besucher.

Satzreihe (Satzverbindung)

!

Wenn man mindestens zwei Hauptsätze miteinander verbindet, entsteht eine **Satzreihe** (Satzverbindung). Die Sätze werden oft mit Konjunktionen (*und, oder, aber, denn, (je)doch, beziehungsweise*) verbunden.
Hauptsätze, die ohne Konjunktion oder durch **entgegenstellende Konjunktionen** (*aber, doch, sondern*) verbunden sind, müssen durch **Komma** voneinander abgegrenzt werden, z. B.:
Eine Gruppe bereitet den Teig zu, die andere Gruppe feuert den Herd an.
Die Arbeit am Herd ist sehr anstrengend, aber sie macht auch viel Spaß.

HAUPTSATZ , HAUPTSATZ .

Zwischen Hauptsätzen, die durch **aufzählende Konjunktionen** (*und, beziehungsweise*) verbunden sind, setzt man in der Regel kein Komma, z. B.:
Eine Gruppe bereitet den Teig zu und die andere Gruppe feuert den Herd an.

1 Verbinde die Satzpaare zu einer Satzreihe. Verwende die Konjunktionen aus der Wortliste und setze, wenn notwendig, die Kommas.

WORTLISTE
und – aber –
doch – denn

1 Ein Team besteht immer aus drei Gruppen. Sie müssen ihre Arbeit gut aufeinander abstimmen.

Ein Team besteht immer aus drei Gruppen und diese müssen

2 Alle kennen ihre Aufgaben sehr genau. Es kommt manchmal zu Verzögerungen.

3 Meist sind sie an Wochenenden auf Festen zu Gast. Alle sind gern zum Mitmachen bereit.

4 Abends sind die Teilnehmer sehr müde und abgespannt. Sie waren dann oft 10 bis 12 Stunden im Einsatz.

Mehrfach zusammengesetzte Sätze

!

Wenn drei oder mehr Haupt- und Nebensätze miteinander verbunden sind, spricht man von einem **mehrfach zusammengesetzten Satz**. Auch hier werden die Teilsätze durch Kommas voneinander getrennt, z. B.:

Beliebt ist ein bestimmter Kartoffelteig, der schnell zubereitet werden kann, weil er aus einfachen Zutaten besteht.

HAUPTSATZ , NEBENSATZ , NEBENSATZ .

TIPP
Beachte, dass das Subjekt und die finite Verbform in Person und Zahl übereinstimmen.

1 Unterstreiche in allen Teilsätzen das Subjekt einmal und die dazugehörende finite (gebeugte) Verbform zweimal. Ergänze in Klammern, wie viele Teilsätze du gefunden hast.

1 Wenn man die Küchengeräte, die schon sehr alt sind, benutzen möchte, muss man sich gut auskennen. (3)

2 Wer von den Besuchern, die oft aus verschiedenen Generationen stammen, kennt noch eine Backmulde, die aus Holz war? (__)

3 Einige der Besucher wissen noch, dass früher der Kuchenteig oft zum Bäcker gebracht wurde, damit er dort gebacken wurde. (__)

2 Bilde Satzgefüge mit zwei Nebensätzen. Verwende die in Klammern stehenden Konjunktionen und Relativpronomen als Einleitewörter.

1 mehligkochende Kartoffeln verwenden – kochen – mit einer Kartoffelquetsche pressen (die, damit)

Es werden mehligkochende Kartoffeln verwendet, die gekocht werden, damit

2 Teig lange kneten – Zutaten verbinden sich – Ausrollen möglich (weil, sodass)

Backmulden

Wortbildung

Zusammensetzungen

!

Zusammensetzungen bestehen aus einem **Grundwort** und einem **Bestimmungswort**. Das Grundwort legt die Wortart und das Geschlecht (Genus) des zusammengesetzten Wortes fest. Durch das Bestimmungswort wird die Bedeutung des Grundwortes verändert. Manchmal muss ein **Fugenelement**, wie *-e-*, *-(e)s-*, *-(e)n-*, *-er-*, eingefügt werden, z. B.:

die Geschichte + *das Buch* → *das Geschichtsbuch*
der Hund + *die Hütte* → *die Hundehütte*
die Sonne + *klar* → *sonnenklar*

1

a Welche Wörter kannst du zu einem Wort zusammensetzen? Verbinde die passenden Wörter mit einer Linie.

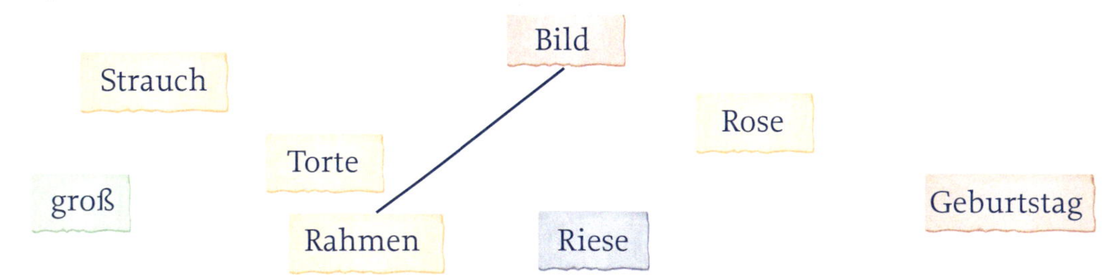

b Schreibe die Wörter, wenn möglich, mit ihrem Artikel auf.

das Bild + der Rahmen: der

c Welche neuen Wörter kannst du bilden? Schreibe mindestens sechs mit ihrem Artikel auf. Unterstreiche die Konsonantenhäufung.

Stoff – Topf – Tuch – brennen – Sand – Kunststoff – schwimmen – Stall – Fetzen – Bett – Fett – Nessel – Fluss – Fahrt – Folie – Laterne

der Stofffetzen,

Ableitungen

!

Ableitungen entstehen durch das Anfügen von **Präfixen** (Vorsilben) und **Suffixen** (Nachsilben) an einen Wortstamm, z. B.:
ver + sprech + en → versprechen; sprech + er → der Sprecher.
Ableitungen entstehen auch durch die **Änderung des Stammvokals**, z. B.:
fließen → der Fluss; liegen → die Lage.

1 Bilde Ableitungen, indem du die Präfixe (Vorsilben) aus der Wortliste sinnvoll mit den Infinitiven verbindest.

WORTLISTE
be-, ent-, miss-, ver-, zer-

brauchen – laden – reißen – lassen – beißen – suchen – nehmen – achten – biegen – legen – fallen – gönnen – tauschen – fließen

2

a Bilde aus den Verben abgeleitete Nomen und schreibe diese mit ihrem Artikel auf.

gehen – liegen – sagen – fragen – denken – stürmen – ziehen – greifen – lesen – spotten – brauchen

der Gang,

b Aus einigen Verben aus Aufgabe a lassen sich auch Adjektive ableiten. Schreibe sie auf und unterstreiche die Suffixe.

TIPP
Du kannst mindestens fünf Adjektive bilden.

Wortfamilien

!

Wörter, die den gleichen Wortstamm haben, gehören zu einer **Wortfamilie**. Eine Wortfamilie bildet sich aus Zusammensetzungen und Ableitungen.
Ableitungen: *Spieler, spielerisch, verspielt,*
Zusammensetzungen: *Spieltag, Fußballspiel, ausspielen.*

TIPP
Einige Wörter lassen sich nicht zuordnen.

1 Hier hat jemand vier Wortfamilien durcheinandergewirbelt. Bringe Ordnung in das Chaos und schreibe die vier Familien auf.

gießen fraglich anbauen Frage bauen zerbrechlich vergießen Bruch ausgießen begießen verbauen befragen Bau Abbruch vergessen Guss brechen zerbrechen Fragewort Anbau lesen Gießkanne fragen stürmen gebrochen anfragen baulich

1. gießen, ____________________

____

____

____

____

____

____

____

____

____

____

nicht zuzuordnen: ____________________

____

In einem Wörterbuch nachschlagen

!

Einträge in Wörterbüchern geben dir viele Informationen zu einzelnen Wörtern. **Seitenleitwörter** helfen, sich in einem Wörterbuch schnell zurechtzufinden. Sie geben das erste und letzte Wort auf einer Seite oder Doppelseite an.

1 Folgende Seitenleitwörter findest du in einem Wörterbuch.

S. 498 – 499	Maulbeere – mega
S. 506 – 507	Mikado – minder
S. 514 – 515	mitwirken – Mole
S. 524 – 525	münden – Mut

a Auf welchen der oben genannten Seiten kannst du die folgenden Wörter finden? Schreibe die entsprechende Seitenzahl auf.

Mokassin: S. ______ Maut: S. ______

Medaille: S. ______ Milz: S. ______

musterhaft: S. ______ mobben: S. ______

Mikrowelle: S. ______ musikalisch: S. ______

b Ordne folgende Wörter alphabetisch.

TIPP
Sortiere nach dem dritten oder vierten Buchstaben.

morgens – Motto – morsch – Motiv – Mosaik

____

2 Zu den Stichwörtern enthält ein Wörterbuch auf kleinstem Raum viele Informationen.

a Sieh dir das folgende Stichwort an.

Betonung Silbentrennung Infinitiv schwierige Verbformen Imperativ

le|sen; du liest; er liest; du lasest; du läsest; gelesen; lies! (*Abk.* l.); lesen lernen, *aber* ↑ K 82: beim Lesenlernen

besondere Schreibungen

WORTLISTE
Nominativ –
Aussprache –
Artikel –
Genitiv Singular –
Nominativ
Plural –
Herkunft –
Bedeutung –

b Welche Informationen gibt dir das folgende Beispiel?
Ordne die Beschriftungen aus der Wortliste zu.

______ ______ ______ ______

Lap|top ['lɛ...], der, *auch* das; -s, -s <engl.>
(kleiner, tragbarer Personal Computer)

______

______ ______

3 Schlage folgende Wörter nach und ergänze die Tabelle.

Stichwort	Artikel/ Geschlecht	Plural	Silben-trennung	Wort-bedeutung
Chip	______	______	______	______
Clique	______	______	______	______
Rochen	______	______	______	______
Soja	______	______	______	______

TIPP
Nutze mehrere Wörterbücher.

4 Es gibt Wörter, die mehrere Bedeutungen haben. Trage die unterschiedlichen Bedeutungen der Wörter zusammen. Überprüfe deine Lösung im Wörterbuch.

hinhalten: ______

Artikel: ______

Probe: ______

5

a Lies den Eintrag aus dem Wörterbuch der Jugendsprache.

easy *engl.* = leicht, mühelos, einfach, bequem, gemächlich, behaglich; jugendsprachliche Bedeutungsveränderung: 1. locker, unkompliziert; 2. angenehm

b Was verstehst du unter folgendem Wort? Verfasse einen Wörterbucheintrag nach dem Beispiel aus Aufgabe a.

paletti ______

______

c Überprüfe in einem Wörterbuch die Bedeutung dieses Wortes.

Wortstämme richtig schreiben

Wörter mit langem Stammvokal

!

Wenn die erste Silbe des Wortstammes auf einen Konsonanten (Mitlaut) endet, ist der Stammvokal in der Regel kurz, z. B.: *Fal-ter*.
Dagegen wird der Stammvokal immer lang gesprochen, wenn ein Vokal (Selbstlaut) am Ende der ersten Silbe steht, z. B.: *Va-se*.
Einsilbige Wörter muss man verlängern, z. B.: *Wal – Wa-le, Zwerg – Zwer-ge*.

a Lies das folgende Gedicht von Joachim Ringelnatz.

Heimatlose
Ich bin fast
Gestorben vor Schreck:
In dem Haus, wo ich zu Gast
War, im Versteck,
5 Bewegte sich,
Regte sich
Plötzlich hinter einem Brett
In einem Kasten neben dem Klosett
Ohne Beinchen,
10 Stumm, fremd und nett
Ein Meerschweinchen.
Sah mich bange an,
Sah mich lange an,
Sann wohl hin und sann wohl her
15 Wagte sich dann heran
Und fragte mich:
„Wo ist das Meer?“

b Ordne die folgenden Wörter aus dem Gedicht richtig zu.

gestorben – bewegte – hinter – Kasten – neben – lange – Kante – sah

kurzer Stammvokal: ______________________________

____

langer Stammvokal: ______________________________

____

c Suche aus dem Gedicht in Aufgabe a je ein weiteres Beispiel für kurze und lange Stammvokale heraus.

2 Bilde zu folgenden Verben den Infinitiv (Grundform) und eine Wortgruppe.

bewegte sich: sich bewegen, die Maus bewegte sich

regte sich: ______

sah: ______

wagte: ______

3 Lang gesprochene Vokale werden unterschiedlich geschrieben. Ergänze folgende Merksätze. Wähle ein passendes Beispiele aus der Wortliste aus und ordne es zu.

WORTLISTE
wählen – Tal – Wahl – klären – Schaf – sehen – drehen – dehnen

1 Einige ______ gesprochene Stammvokale werden mit einem Dehnungs-____ geschrieben.

2 Das Dehnungs-____ steht am Ende einer ______, z. B.: ______

3 Beginnt ein Wort mit *kl*, *kr*, *qu*, *sp*, *t* oder *sch*, steht ______ ein Dehnungs-*h*, z. B.: ______

4 Manche Wörter haben ein *h* am Silbenanfang. Deshalb nennt man es ______ *h*, z. B.: ______

5 Bei verwandten Wörtern bleibt das ____ im Wort ______ erhalten, z. B.: ______.

4

a Welche Wortpaare reimen sich? Schreibe die Paare auf.

rühren – geht – froh – Mühe – lehren – vermehren – Kühe – führen – sehr – steht – Zahn – Stroh – Strahl – Verkehr – Zahl – Bahn

______

______

______

b Bilde mit vier Wörtern aus Aufgabe a lustige Sätze und schreibe sie in dein Heft.

5

a Welche unterschiedlichen Dehnungszeichen kannst du in den folgenden Wörtern erkennen? Schreibe sie auf.

ohne Dehnungszeichen: Tiger, ______________________

____

____

____

b Ergänze den folgenden Merksatz.

Das lang gesprochene *i* wird meist als ________ und manchmal nur als ________ geschrieben. ________ tritt nur in den Wörtern *ihm, ihn,* ________, *ihre* auf. Ganz selten wird ________ geschrieben, z. B.: *Vieh, siehst, lieh.*

6 Hier kannst du lesen, wie der Tag von Leonie aussieht. Leider ist er etwas lückenhaft. Ergänze die Sätze.

1 Fr____morgens st____t Leonie auf. **2** Sie z____lt bis drei und springt von der L____ge. **3** Danach g____t sie schnell zum Fr____stück. **4** Heute gibt es Br____tchen und H____nig. **5** Dazu trinkt Leonie warmen T____.
6 Anschließend putzt sie ____re Z____ne und wäscht Gesicht und H__nde.
7 Auf dem Weg zur Sch____le überlegt sie, worauf sie sich heute freuen kann. **8** Ein Bild m____len, eine Geschichte l____sen, F____rrad f____ren, mit Laura erz____len, bis 1000 z____len. **9** Und vielleicht ein wenig den L____rer ____rgern? **10** Du solltest dich sch____men!

Wörter mit kurzem Stammvokal

!

Nach einem **kurzen Stammvokal** folgen meist **zwei Konsonanten** (Mitlaute). Der Konsonant wird nach einem kurzen Vokal (Selbstlaut) verdoppelt, wenn er zwei Silben wie ein Gelenk miteinander verbindet (Silbengelenk), z. B.: *Wan – ne, Kel – le.*
Entsteht bei zwei unterschiedlichen Konsonanten kein Silbengelenk, wird nicht verdoppelt, z. B.: *Tan – te, hal – ten.*
Einsilbige Wörter muss man verlängern, um zu wissen, wie sie geschrieben werden, z. B.: *muss – müs-sen, Wald – Wäl-der.*

1 Ordne die folgenden Wörter richtig zu.

TIPP
Überlege, welche Rechtschreibhilfen du nutzen kannst.

kurzer Vokal + doppelter Konsonant: ______________________

____

kurzer Vokal + unterschiedliche Konsonanten: ______________________

____

2

a Trage passende Wörter in die Tabelle ein.

	Doppelkonsonant nach kurzem Vokal	**Verschiedene Konsonanten nach kurzem Vokal**
a	*nn:*	*mp:*
e	*rr:*	*tz:*
i	*ll:*	*st:*
o	*pp:*	*lk:*
u	*tt:*	*ck:*

b Prüfe mithilfe der Überschrift in der Kopfzeile der Tabelle, ob du die richtige Spalte gewählt hast.

MERKZETTEL
Diese Wörter will ich mir merken:

____

____

____

____

____

____

TIPP
In Wörterbüchern findest du auch Wörter aus Wortfamilien.

3

a Suche möglichst viele Wörter zu folgenden Wortfamilien.

halten	treffen

b Unterstreiche in den Wortfamilien jeweils den Wortstamm.

4 In die folgenden Sprichwörter haben sich Rechtschreibfehler eingeschlichen.

TIPP
In manchen Sätzen haben sich mehrere Fehler versteckt.

a Suche die Fehler und unterstreiche sie.

1 Iren ist menschlich.

2 Es ist noch kein Meister vomm Himel gefallen.

3 Wer anderen eine Grube gräbt, fählt selbst hinein.

4 Was der Bauer nicht kent, ist er nicht.

5 Hast du Zahnpasta im Ohr, komt dir ales leiser vor.

6 Mach's wie die Glühbirne, trag's mit Fasung.

b Schreibe die Sprichwörter in der richtigen Schreibung auf.

Wörter mit *s, ss, ß* im Wortstamm

!

In Wörtern mit langem Stammvokal oder mit Diphthong (Zwielaut) schreibt man ***s***, wenn der *s*-Laut **stimmhaft (summend)** gesprochen wird, z. B.: *Rose, leise.*
In Wörtern mit langem Stammvokal oder mit Diphthong schreibt man ***ß***, wenn der *s*-Laut **stimmlos (zischend)** gesprochen wird, z. B.: *schließen, grüßen.*
Nach kurzem Stammvokal wird ***ss*** geschrieben, z. B.: *essen, messbar.*

Rechtschreibhilfe: deutlich sprechen

1 Stimmhaftes oder stimmloses *s*?

a Lies diese Wörter laut. Sprich deutlich.

riesig – rissig, Hasen – hassen, reisen – reißen, Preise – heiß,
lasen – lassen, Mäuse – Sträuße

b Ordne nun die Wörter aus Aufgabe a richtig zu.

stimmhaftes (summendes) s: ______________________________

____

stimmloses (zischendes) s: ______________________________

____

____

2 Wann sprichst du ein stimmloses, wann ein stimmhaftes *s*?

a Lies die Wörter laut.

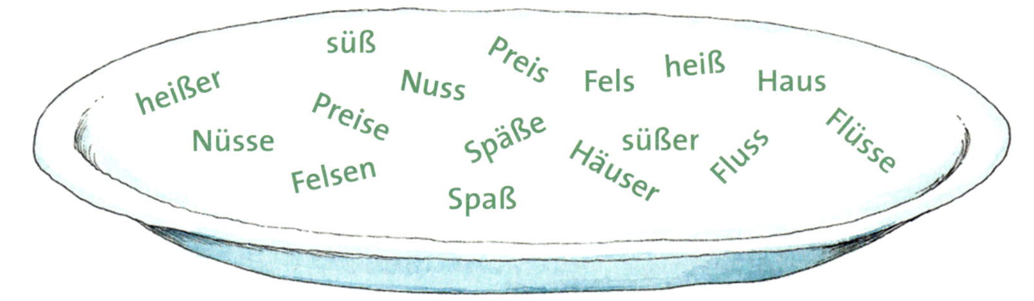

b Suche die Wortpaare und schreibe sie auf.

Fels – Felsen, ______________________________

____

____

____

TIPP
Überlege, welche Rechtschreibhilfen du nutzen kannst.

TIPP
Nimm geeignete Beispiele aus Aufgabe b zu Hilfe, um deine Aussagen zu überprüfen.

c Ergänze die folgenden Merksätze.

1 Bei einsilbigen Wörtern wird der *s*-Laut am Wortende ______________________________ gesprochen.

2 Ob ein einsilbiges Wort mit *s* oder *ß* geschrieben wird, findet man durch die ______________________________ probe heraus.

3 Hört man in dem zweisilbigen Wort ein stimmhaftes (summendes) *s*, wird auch in der einsilbigen Wortform ein ____ geschrieben.

3 *s*, *ss* oder *ß*? Setze richtig ein.

1 der Flu____	**2** die Kla____e	**9** der Sto____	**10** das Schlo____
3 das Fa____	**4** die Lau____	**11** sie sa____	**12** das Ma____
5 er grü____t	**6** die Ta____e	**13** die Ma____e	**14** pa____en
7 ich gie____e	**8** fa____en	**15** der Ku____	**16** flie____en

Rechtschreibhilfe: Wörter einprägen

4

a Der Brief von Tom enthält einige Lücken. Wähle ein passendes Wort aus der Wortliste und setze es ein.

WORTLISTE
äußerst – meist – fast – lästig – bloß – draußen – zuverlässig – kein bisschen – außerdem

Hallo, Tom,
liebe Grüße aus unserem Urlaub. Heute haben wir ein Schloss besichtigt. Dazu gibt es eine ____________ ungewöhnliche Geschichte. ____________ hätte ich Angst bekommen. Klingt spannend, oder? Alles aufzuschreiben, dauert jetzt ____________ zu lange.
Ich erzähle es dir lieber zu Hause, wenn wir ____________ bei uns im Garten sitzen. Mit dem Wetter haben wir Glück. ____________ scheint die Sonne, nur die vielen Mücken sind ____________.
____________ waren wir schon klettern. Das hat Spaß gemacht und war ____________ langweilig.
Beim Klettern brauchst du einen ____________ Partner, der dir auch mal hilft.
Bis bald!
Dein Felix

MERKZETTEL
Diese Wörter will ich mir merken:

____

____

____

____

____

b Markiere die eingesetzten Wörter farbig. Schreibe die Wörter, die dir Schwierigkeiten bereiten, noch einmal in den Merkzettel in der Randspalte.

das oder ***dass***?

Der Artikel und das Relativpronomen ***das*** werden mit s geschrieben.
Das Relativpronomen ***das*** leitet einen Relativsatz ein und bezieht sich auf ein vorangegangenes Nomen/Substantiv, z. B.:
*Das ist das Auto, **das** gestohlen wurde.*
Die Konjunktion ***dass*** wird mit ***ss*** geschrieben. Sie leitet einen Nebensatz ein und steht oft in Verbindung mit Verben, wie *glauben, hoffen, ahnen, wissen, wollen, meinen, wünschen, sagen, finden*, z. B.:
*Ich ahne, **dass** er zu meinem Geburtstag nicht kommen kann.*
Die **Ersatzprobe** hilft beim Erkennen der richtigen Schreibung:
Kann man ***welches*** oder ***dies(es)*** einsetzen, schreibt man ***das***.

1

Rechtschreibhilfe: Ersatzprobe

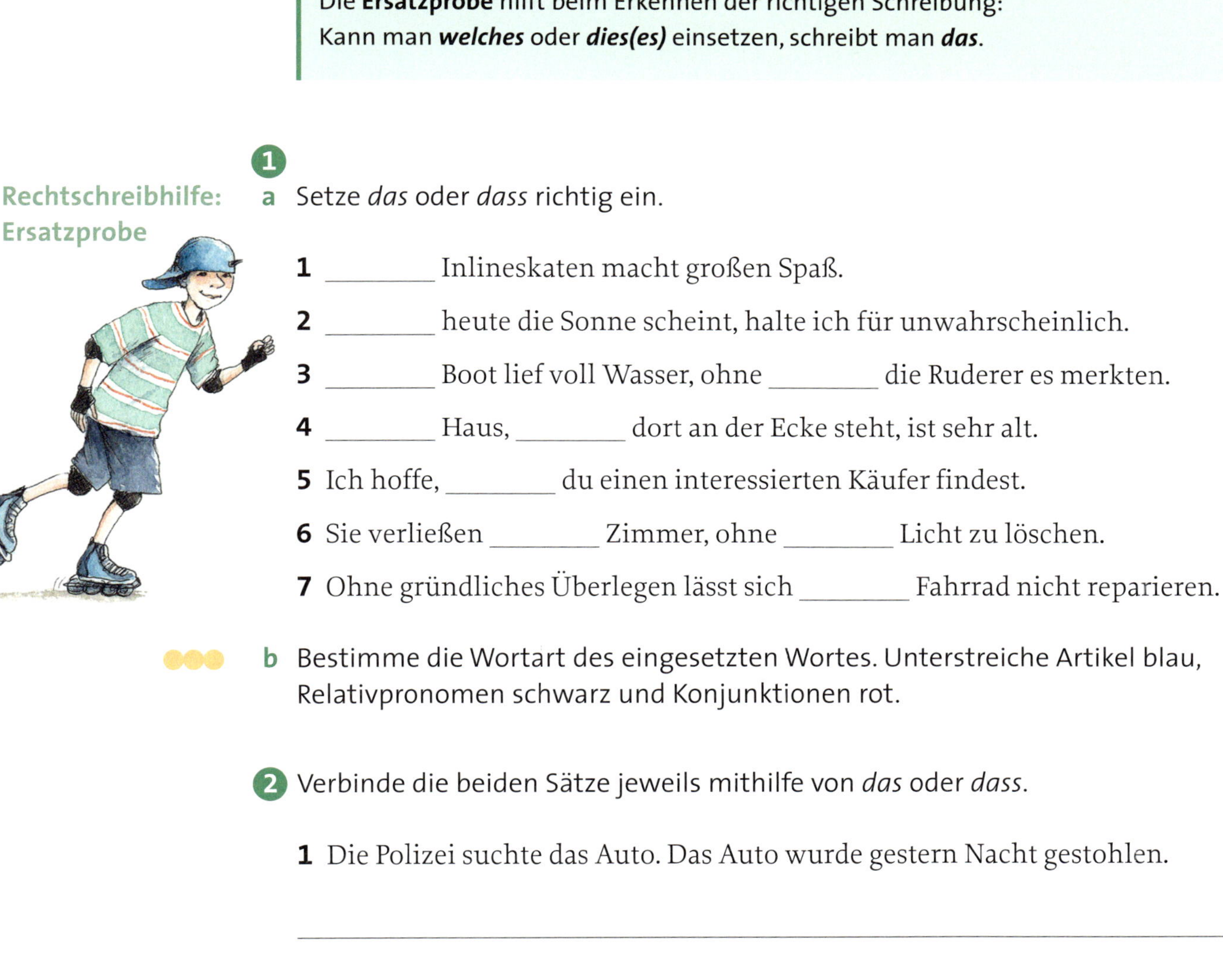

a Setze *das* oder *dass* richtig ein.

1 ________ Inlineskaten macht großen Spaß.

2 ________ heute die Sonne scheint, halte ich für unwahrscheinlich.

3 ________ Boot lief voll Wasser, ohne ________ die Ruderer es merkten.

4 ________ Haus, ________ dort an der Ecke steht, ist sehr alt.

5 Ich hoffe, ________ du einen interessierten Käufer findest.

6 Sie verließen ________ Zimmer, ohne ________ Licht zu löschen.

7 Ohne gründliches Überlegen lässt sich ________ Fahrrad nicht reparieren.

b Bestimme die Wortart des eingesetzten Wortes. Unterstreiche Artikel blau, Relativpronomen schwarz und Konjunktionen rot.

2 Verbinde die beiden Sätze jeweils mithilfe von *das* oder *dass*.

1 Die Polizei suchte das Auto. Das Auto wurde gestern Nacht gestohlen.

____

____

2 Ich hoffe es. Zum Geburtstag bekomme ich ein neues Fahrrad.

____

____

____

Gleich und ähnlich klingende Vokale

!

Mit *ä* und *äu* schreibt man immer dann, wenn es zu diesen Wörtern ein **stammverwandtes Wort** mit *a* oder *au* gibt, z. B.: *erkältet – kalt, Bäume – Baum*. Von anderen Wörtern muss man sich die Schreibung merken, weil es keine verwandten Wörter gibt, z. B.: *Lärm, dämmern, vorwärts.*

alt – älter – ______

______

______

______

______

______

______

______

______

1 Schneller, höher, weiter

a Suche zu folgenden Bildern passende Adjektive und steigere sie.

b Markiere in den Adjektiven die Änderungen des Vokals.

Rechtschreibhilfe: Verwandtschaftsprobe

2

a Ergänze die fehlenden Vokale in den folgenden Wörtern.

b Wähle vier Wörter aus Aufgabe a aus und verwende sie in Wortgruppen.

1 Gebäude	**4** Abent_____er	**7** gebr_____chlich	**10** bed_____ten
2 H_____s	**5** L_____te	**8** sch_____ßlich	**11** h_____slich
3 s_____erlich	**6** B_____erin	**9** vers_____men	**12** M_____se

das zerfallene Gebäude, ______

______

______

●●● **3** Erkläre die Schreibung dieser gleich klingenden Wörter.

1 Die Kriminalpolizei löst viele Fälle. – Die Felle mancher Tiere sind sehr kostbar. ______

2 Die Wände im Kinderzimmer müssen unbedingt gestrichen werden. – 1989 kam für die Bürger der DDR die Wende. ______

Worttrennung

!

Für die **Worttrennung** gelten folgende **Regeln**:

1. Bei mehrsilbigen einfachen Wörtern erfolgt die Trennung nach Sprechsilben, z. B.: *Fal-le, Rin-der, Sa-la-mi.*
2. Einzelne Vokale am Wortanfang oder am Wortende werden nicht abgetrennt, z. B.: *Ofen, Schreie.*
3. *ch, ck, sch, ph, th* werden nicht getrennt, z. B.: *ma-chen, Bä-cker, Ge-schenk, Stro-phe, Zi-ther.*
4. Zusammengesetzte Wörter und Wörter mit Präfixen (Vorsilben) werden zwischen den einzelnen Wortbausteinen getrennt, z. B.: *Hand-ball, Hand-ball-mann-schaft, Vor-trag, ver-suchen.*

Rechtschreibhilfe: deutlich sprechen

1 Durch langsames und deutliches Sprechen kannst du die Silben eines Wortes ermitteln.

a Lies den folgenden Zungenbrecher.

Sie|ben Riesen niesen,
weil Nieselwinde bliesen.
Ließen die Winde dieses Nieseln,
ließen die Riesen auch das Niesen.

b Markiere mit einem Strich, wo die Wörter getrennt werden könnten.

2 Trenne folgende Wörter nach Wortbausteinen.

Tischbein: ______

Schaukelstuhllehne: ______

Holzkopf: ______

Großeinkauf: ______

3 Schreibe die Wörter mit allen sinnvollen Trennungsmöglichkeiten auf.

Kartoffelsack: ______

Winterabend: ______

Schneckenhaus: ______

Krümelmonster: ______

Groß- und Kleinschreibung

!

Verben können zu Nomen/Substantiven werden. Diese werden dann **nominalisierte/substantivierte Verben** genannt. Sie werden **großgeschrieben**.
Wenn Adjektive als Nomen/Substantive gebraucht werden, nennt man sie **nominalisierte/substantivierte Adjektive**.
Nominalisierte Verben und Adjektive erkennt man an folgenden **Merkmalen**:

- Artikel (*der, die, das; ein, eine*), z. B.: *das Schreiben, der Große,*
- Adjektive (*groß, klein, ...*), z. B.: *das richtige Schreiben,*
- Pronomen (*mein, dein, ihr, dieses, ...*), z. B.: *dieses Warten, mein Bestes,*
- unbestimmte Zahlwörter (*alles, etwas, ...*), z. B.: *alles Liebe, etwas Großes,*
- Präpositionen (+ Artikel) (*auf, am/an dem, ...*) z. B.: *beim Malen, im Dunkeln.*

1 In den folgenden Sätzen werden Verben als Nomen/Substantive gebraucht.

a Setze die passenden Wörter aus der Wortliste in der richtigen Form ein.

WORTLISTE
warten – schreien – biegen – brechen – niesen – auftreten – rauchen – tuscheln

1 Das Warten hat sich gelohnt.
2 Ihr schlechtes ________ vor der Klasse sorgte für Diskussionen.
3 Sein ________ erschreckte uns alle.
4 Tim wollte auf ________ und ________ gewinnen.
5 In der Schule ist das ________ verboten.
6 In der Turnhalle half nur noch das laute ________ des Sportlehrers.
7 Beim Test hörte Frau Liebig unser ________.

b Markiere die Signale für die Großschreibung der Verben.

2

a Suche zu jedem Bild ein passendes Verb.

____

____

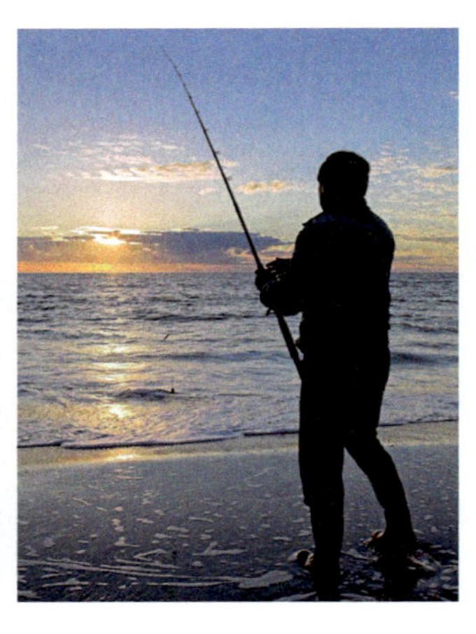
____

____

b Bilde Sätze, in denen die Verben aus Aufgabe a als Nomen gebraucht werden.

____

____

____

TIPP
Manchmal musst du die Endungen verändern.

3 Schreibe mögliche Wortgruppen in dein Heft.
Achte auf die Groß- und Kleinschreibung.

TIPP
Du solltest sieben Fehler in der Groß- und Kleinschreibung finden.

Achtung, Fehler!

4 Nicht alles ist hier richtig. Schreibe die korrigierten Wörter auf.

Mary wachte in der Nacht auf, weil der Regen in Schweren Tropfen gegen ihr Fenster schlug. Es goss in strömen und der Wind „klabauterte" um die Ecken und in den Kaminen des großen Alten Hauses. Mary richtete sich im Bett auf und hasste den herabströmenden Regen, den Wind und sein „klabautern". Ungefähr eine Stunde hatte sie sich immer wieder im Bett herumgewälzt, da fuhr sie plötzlich hoch und lauschte zur Tür hin. „Das ist jetzt nicht der Wind. Es ist das weinen, das ich schon ein paar Mal gehört habe." Sie musste herausfinden, was das für ein Geräusch war. Es schien ihr noch seltsamer als der Geheime Garten und der verborgene Schlüssel. Sie stand auf, nahm die Kerze, ging auf leisen Sohlen hinaus auf den Korridor und versuchte, sich an den Weg zur Tapetentür zu erinnern ... Das entfernte weinen dauerte an und leitete sie.

____

____

____

____

Fremdwörter

! **Fremdwörter** erkennt man oft an typischen Wortbauteilen, wie an den **Suffixen** (Nachsilben) *-ier(en), -ie, -ik, -iv, -(t)ion* und *-ität.*

1 Suche zu folgenden Nomen das passende Verb.

Telefon – ____________ Dekoration – ____________

Adoption – ____________ Installation – ____________

Gratulation – ____________ Organisation – ____________

WORTLISTE
Informationen – Diskussion – konjugieren – Präsentation – deklinieren – interessieren – diskutieren – konzentrieren

2 Im Deutschunterricht verwendet ihr viele Fremdwörter. Setze die Wörter aus der Wortliste in folgende Wortgruppen ein.

1 eine ____________ führen **2** ein Problem ____________

3 starke Verben ____________ **4** ein männliches Substantiv ____________ **5** ____________ aus einem Text entnehmen

6 sich für Bücher ____________ **7** sich auf die Arbeit ____________ **8** eine ____________ vorbereiten

3 In diesem Wortgitter sind senkrecht und waagerecht Fremdwörter versteckt. Lies zuerst die Umschreibungen, suche dann das entsprechende Wort im Wortgitter und markiere es.

1 gespannte Aufmerksamkeit
2 nicht negativ
3 Glückwünsche überbringen
4 Lehre von der Sprache
5 auf etwas eingehen, antworten
6 untätig, teilnahmslos, still, zurückhaltend
7 Angriffslust, Streitsucht

A	K	O	N	Z	E	N	T	R	A	T	I	O	N	U
F	G	Z	J	U	B	D	B	N	P	A	S	S	I	V
Ä	Ö	K	S	U	M	B	D	R	O	Z	K	L	O	M
R	E	A	G	I	E	R	E	N	S	T	G	W	Y	G
Q	U	R	B	S	A	Ö	I	O	I	N	A	R	V	W
D	S	A	G	R	A	M	M	A	T	I	K	G	H	L
W	E	K	G	R	A	T	U	L	I	E	R	E	N	M
L	A	G	G	R	E	S	S	I	V	I	T	Ä	T	N

MERKZETTEL
Diese Wörter will ich mir merken:

____

____

____

____

____

Teste dich selbst!

Der folgende Test hilft dir herauszufinden, was du schon sicher kannst und was du noch üben musst. Folgende Bereiche kannst du überprüfen:

A Verstehen von Texten (Aufgabe 1–4)	ca. 20 min.	/ 19 P.
B Grammatik (Aufgabe 5–10)	ca. 15 min.	/ 60 P.
C Rechtschreibung (Aufgabe 11–15)	ca. 20 min.	/ 70 P.
D Schreiben von Texten (Aufgabe 16)	ca. 60 min.	/ P.
Insgesamt:	ca. 115 min.	/ P.

Den Bewertungsmaßstab für Teil D müsst ihr in der Klasse festlegen. Bevor du mit der Bearbeitung der Aufgaben beginnst, lies die Aufgabenstellungen genau. Trage in die Kästchen deine erreichte Punktzahl ein.

Müllhalde im Bauch

Am liebsten fressen Albatrosse Tintenfische, Fischeier und kleine Krebse. Die majestätischen Tiere suchen ihre Beute, während sie mit ihren fast zwei Meter langen Flügeln über die Wellenkämme schweben. Kürzlich fand die Biologin Cynthia Vanderlip Gegenstände im Magen eines toten Albatrosses. 5 Insgesamt entdeckte die Forscherin 306 Teile, viele davon scharfkantig. Wie konnte eine Zahnbürste, ein Feuerzeug oder ein Flaschendeckel in den Magen des Seevogels gelangen? Die Jungvögel werden von ihren Eltern mit den Eiern von Fliegenden Fischen gefüttert. Diese Fische legen ihre Eier an Gegenständen ab, die im Meer treiben, etwa Stroh oder Treibholz. Doch 10 heute treibt da leider jede Menge Plastikmüll. Jedes Jahr landen 6,4 Millionen Tonnen Abfall im Ozean.

Der Abfall stammt von Schiffen oder wird von den Flüssen ins Meer gespült. Die Albatros-Eltern schnappen sich die Plastikteile mit den daran klebenden Fischeiern, fliegen zum Nest und stopfen das vermeintliche Futter ihren Jun- 15 gen in den Schnabel – weil sie glauben, ihnen damit Gutes zu tun. Leider sind die Albatrosse nicht schlau genug, um die Fischeier vom Plastikmüll zu trennen. So kommt eine Zahnbürste in den Magen eines Albatrosses. Und so verenden jedes Jahr hunderte Vögel, weil in ihrem Magen kein Platz mehr ist für die richtige Nahrung.

A Textverständnis

1 P

1 Um welches Thema geht es in dem Text? Überfliege ihn und kreuze die richtige Lösung an.

- [ ] **a)** um das Aussehen von Albatrossen
- [ ] **b)** um die Gefährdung der Albatrosse durch Müll im Meer
- [ ] **c)** um die Lebensweise von Albatrossen

6 P

2 Notiere dir jeweils mindestens zwei geeignete Schlüsselwörter zu folgenden Fragen.

1 Wovon ernähren sich Albatrosse?

___

2 Woher stammt der Abfall im Meer?

___

3 Wie kommt der Müll in den Magen der Albatrosse?

___

3 P

3 Lies den Text gründlich und markiere beim Lesen deine Schlüsselwörter aus Aufgabe 2.

9 P

4 Beantworte mithilfe der Markierungen die Fragen aus Aufgabe 2.

___

___

___

___

___

___

___

___

___

B Grammatik

6 P

5 Bestimme die Wortart der unterstrichenen Wörter und schreibe sie in die Klammern dahinter.

Die (__________) albatrosse (____________________) gehören (__________) zu einer familie von seevögeln aus (____________________) der ordnung der röhrennasen. Von den einundzwanzig arten kommen siebzehn in den südlichen (______________) ozeanen vor, drei (__________________________) im nordpazifik und eine in den tropen.

9 P

6 Schreibe die Sätze in der richtigen Groß- und Kleinschreibung auf.

____

____

____

____

____

____

____

8 P

7 Unterstreiche in den folgenden Sätzen die Attribute.

1 Die großen Albatrosse besitzen lange und schmale Flügel.
2 Mit ihrer riesigen Flügelspannweite übertreffen Albatrosse alle lebenden Vogelarten.
3 Albatrosse sind Seevögel und gehören zur Ordnung der Röhrennasen.
4 Außerdem gehören sie zu den schwersten flugfähigen Vögeln.

10 P

8 Unterstreiche in den folgenden Sätzen die Adverbialbestimmungen. Bestimme die Art und schreibe sie auf.

1 Der größte Teil der Albatrosarten lebt auf der Südhalbkugel.

____

2 Die Albatrosse sehen bedrohlich aus, weil sie große, kräftige und spitze Schnäbel haben.

____

3 Wegen einer alten Seefahrerlegende haben die Albatrosse keinen guten Ruf bei den Menschen.

____

4 In alten Zeiten glaubten die Menschen, dass die Seelen verstorbener Seeleute in den Albatrossen weiterleben.

____

19 P

9 Unterstreiche in den Sätzen die finiten Verbformen und setze die fehlenden Kommas. Schreibe in die Klammern, ob es sich um einen einfachen Satz, eine Satzreihe (Satzverbindung) oder ein Satzgefüge handelt.

1 Beide Eltern müssen Brutpflege betreiben denn die Zeit vom Nestbau bis zur Selbstständigkeit der Jungtiere beträgt ein Jahr. (________________)

2 Albatrosse nisten in Kolonien die einige hundert bis einige tausend Nester umfassen können. (________________)

3 Die größten Kolonien bilden Laysanalbatrosse und Schwarzbrauen-Albatrosse bei denen über 100 000 Paare zusammen brüten können. (________________)

4 Selbst bei den größten Kolonien stehen die Nester in Abständen von einigen Metern zueinander sodass es wenig Kontakt zwischen den Brutpaaren gibt. (________________)

5 Die meisten Albatrosse bauen große Nester aus Gräsern Moosen und Schlamm. (________________)

8 P

10 Setze die Wortgruppen aus der Wortliste in der richtigen Form ein. Bestimme den Fall des Objekts und schreibe ihn in die Klammer.

WORTLISTE
der andere –
die Albatrosse –
sehr große
Strecken –
große Ausdauer

1 Albatrosse können ________________ zurücklegen, allerdings mit großem Zeitaufwand. (________________)

2 ________________ können sie sich nicht rühmen. (________________)

3 Außerdem fällt ________________ Start und Landung auf dem Land sehr schwer. (________________)

4 Diese Vögel sind Egoisten, kein Albatros kümmert sich ________________. (________________)

C Rechtschreibung

8 P

11 Ordne die Wörter mit kurzem Stammvokal in die richtige Spalte ein.

Tinte – füttern – Flüsse – stammen – Eltern – schnappen – stopfen – verenden

zwei gleiche Konsonanten	zwei unterschiedliche Konsonanten
___	___
___	___
___	___
___	___

11 P

12 Suche aus dem Text Wörter mit einem langen Stammvokal heraus. Ordne jeder Gruppe mindestens drei Wörter zu, der letzten Gruppe zwei.

ohne Dehnungszeichen: ___

mit *h*: ___

mit *ie*: ___

mit Doppelvokal: ___

9 P

13 Suche jeweils drei stammverwandte Wörter. Achte auf die Schreibung des *s*-Lauts.

Flüsse: ___

fressen: ___

aufgerissen: ___

4 P

14 Suche aus dem Text je ein passendes Fremdwort zu folgenden Umschreibungen heraus.

1 Anrede von Kaisern und Königen – ______________________

2 große Seevögel der südlichen Erdhalbkugel – ______________________

3 Wissenschaftler auf dem Gebiet der Wissenschaft vom Leben – ______________________

4 Kunststoff – ______________________

38 P

15 Schreibe folgende Sätze in richtiger Groß- und Kleinschreibung. Setze zuerst Trennungsstriche, um die Wörter richtig abzugrenzen. (Für jedes richtig geschriebene Wort gibt es einen halben Punkt.)

Diealbatrosseschnappensichdieplastikteilemitdenfischeiern,fliegenmitdem müllzumnestundstopfendasvermeintlichefutterihrenjungenindenaufgerisse nenschnabel,weilsieglauben,ihnendamitguteszutun.Leidersinddiealbatrosse nichtschlaugenug,umdiefischeiervomplastikmüllzutrennen.Sokommteine-zahnbürsteindenmageneinesalbatrosses.Undsosterbenjedesjahrvie-levögel,weilinihremmagenkeinplatzmehristfürdierichtigenahrung.

____

____

____

____

____

____

____

____

____

D Texte schreiben

P

16 Lies den Text „Müllhalde im Bauch“ noch einmal. Wie kam eine Zahnbürste in den Magen des Albatrosses? Denke dir dazu eine Fantasiegeschichte aus. Gehe dabei so vor:

- Sammle Ideen und entwirf einen Erzählplan.
- Schreibe dann einen Entwurf. Denke an eine passende Überschrift.
- Überarbeite deinen Entwurf und schreibe die Endfassung in dein Heft.

Muttersprache 6

Arbeitsheft

Lösungen

SEITE 4 **1b** *Lisa:* Ich bin da anderer Meinung.
Tom: Für mich klingt Pauls Vorschlag interessant.
Dana: Du hast Recht.
Anja: Das ist in Ordnung.
Eric: Ich stimme Dana zu.

1c mögliche Lösung:
Das ist ein guter Vorschlag. Ich kümmere mich um ein Programmangebot für Güntersberge und Dana besorgt eins für Warnemünde. Dann können wir vergleichen und abstimmen.

SEITE 5 **2** mögliche Lösung:
Zustimmung: Pauls Idee finde ich gut, weil wir im Harz viele Freizeitangebote nutzen können.
Ablehnung: Ich bin gegen Warnemünde, da wir an der Ostsee zu sehr vom Wetter abhängig sind.
Kompromiss: Beide Orte sind geeignet, wenn wir ein gut organisiertes Programm haben.

SEITE 7 **2a** 1. Abschnitt: Zeile 1–8
2. Abschnitt: Zeile 9–17
3. Abschnitt: Zeile 18–25
4. Abschnitt: Zeile 26–36
5. Abschnitt: Zeile 37–43

2b mögliche Lösung:
- durch den Wald wie blind
- Mühle im kalten Mondlicht
- nach dreimaligem Klopfen keine Geräusche, Tür unverschlossen
- Grabesstille und Finsternis in der Mühle
- am Ende des Ganges ein Lichtschein
- spähte durch eine Türritze in eine Kammer
- rote Kerze auf einem Totenschädel und schwarzer Mann am Tisch
- starrte zur Tür
- eiskalte Hand auf Krabats Schulter
- Mann mit der Augenklappe hinter Krabat

SEITE 8 **1b** mögliche Lösung:
- Mann musterte Krabat schweigend
- Meister in der Mühle
- fragte, ob er Lehrjunge sein möchte

- Antwort mit fremd klingender Stimme
- linke Hand des Müllers ausgestreckt
- „Schlag ein!"
- dumpfes Rumoren und Tosen erklang

SEITE 9

1 b *Wer?* Filip, elf Jahre alt
Wann? im Sommer
Wo? am Riemer See in München
Was passierte? dreijähriges Mädchen ins Wasser gelaufen, als Mutter kurz nicht aufpasste, Filip beobachtete das Mädchen, rettete es

1 c 1. Filip am Badesee in München, ruht sich aus und beobachtet die Menschen
2. kleines Mädchen läuft zum See, als Mutter sich umzieht
3. Mädchen im Wasser schnappt nach Luft
4. Filip springt ins Wasser
5. Mädchen klammert sich an ihn, er zieht es ans Ufer

SEITE 13

1 b

Merkmal	Beschreibung
Gesamterscheinung (Geschlecht, Alter, Größe, Figur)	Großvater, lang und dünn wie ein Laternenpfahl
Einzelheiten (Kopf, Arme, Beine, Kleidung, Schmuck usw.)	schmaler, beinahe ausgemergelter Kopf, ausgefranster Spitzbart, karierte Schirmmütze
besondere Merkmale	knickte beim Laufen ein bisschen ein

SEITE 14

2 mögliche Lösung:
Figur: dick, dünn, schlank, untersetzt, mollig, schmal, hager, muskulös, mager
Gesicht: kantig, eckig, oval, rund, bleich, rosig, sommersprossig, länglich
Augen: blaugrau, blau, grün, braun, gesprenkelt
Mund: schmal, voll, breit, verkniffen, Schmollmund

3 mögliche Lösung:
1 eine ältere Frau mit einer großen Nase und einem auffälligen Hut
2 ein Jugendlicher mit Basecap und Ohrring

SEITE 15

1 b *Vorkommen:* auf Schuttflächen, an Wegen und Ackerrändern mit lehmigen Böden
Blüten: gelbe Blütenstände von März bis April
Blätter: rundlich oder herzförmig, grün, feine weiße Haare auf der Blattunterseite, wie mit einem Filz bedeckt
Verwendung: Heilpflanze, Blüten und Blätter für Hustentee

2 *Blattform:* eiförmig, herzförmig, gelappt, gefiedert
Blattrand: glatt, gebuchtet, gesägt

SEITE 16

3 a *Blüten:* weiße Zungenblüten, gelbe Röhrenblüten
Blätter: gefiedert
Sprossachse: verzweigt
Größe: 15 bis 50 cm

3 b *Vorkommen:* Ackerpflanze, Europa, Nordamerika und Australien

Blütezeit: Mai bis September
Verwendung: Arzneipflanze, bei Entzündungen und Magen- und Darmbeschwerden

SEITE 17 1 a Reihenfolge: 2, 5, 1, 3, 4, 6

1 b feines Salz, ein (großes) Glas, ein Ei, ein Teelöffel, ein Esslöffel, Wasser

SEITE 18 2 mögliche Lösung:
Zuerst – Anschließend – Daraufhin – Nun – Danach – Im Anschluss daran – Zum Schluss

3 mögliche Lösung:
Zuerst gießt man das Glas halbvoll mit Wasser und legt dann mithilfe des Esslöffels vorsichtig das Ei hinein. Das Ei bleibt auf dem Boden des Glases liegen. Anschließend nimmt man das Ei aus dem Wasser, gibt zehn Teelöffel feines Salz in das Glas und rührt um, bis das Salz sich aufgelöst hat. Nun hat man Salzlake. Danach legt man das Ei wieder hinein. Das Ei schwimmt. Daraufhin nimmt man das Ei aus dem Wasser und gießt langsam Wasser nach, bis das Glas voll ist. Zum Schluss legt man das Ei wieder hinein. Das Ei schwimmt in der Mitte des Glases.

SEITE 19 1 b *Was?* einen Gummistiefel, einen Turnschuh und einen Pumps, mittlerweile mehr als 200 Schuhe
Wer? ein Fuchs
Wo? Föhren (Rheinland-Pfalz)
Wann? wieder, im Juni
Wie? klaut Schuhe aus Gärten, Hauseingängen und von Terrassen, schleppt sie in den Wald in seinen Bau
Warum? schuhverrückter Fuchs, Schuhtick

1 c *Präsens:* kann es nicht lassen – er klaut weiter
Perfekt: hat er geschleppt – hat gestohlen – hat aufgegeben
Präteritum: entdeckt wurden – wurde entdeckt

SEITE 20 1 d *persönliche Ausdrucksweise:* er klaut weiter – er hat geschleppt – hat gestohlen – hat aufgegeben
unpersönliche Ausdrucksweise: die ersten Schuhe wurden entdeckt – der neue Sammelplatz wurde entdeckt

2 a wurden aufgeklärt – man entdeckte – wurde gefunden – stellte man sicher – wurde noch nicht gesichtet

2 b Präteritum

3 a **1** Von der Polizei wurden zahlreiche Anzeigen aufgenommen. **2** Lange Zeit tappte man im Dunkeln. **3** Der entscheidende Hinweis wurde vom Revierförster geliefert.

3 b **1** Erst kürzlich verschleppte der Fuchs drei neue Trophäen. **2** Schnell fand man sein neues Versteck. **3** Der Förster brachte die Polizei auf die richtige Spur.

SEITE 21 4 a *Was?* Fußballspiel, Schulturnier
Wer? Klasse 6 a gegen 6 b
Wann? Donnerstag, 14:00 Uhr
Wo? Sportplatz, Schule
Wie? folgender Strafstoß, Spielstand: 1:0, Torjubel
Warum? unfaire Spielweise

4b mögliche Lösung:
zuerst, gestern, danach, später, nach der Halbzeit, im Anschluss, in der Folge, zum Schluss, daraufhin, am Spielende, zum Abpfiff

SEITE 22 **4d** **1** Die Spieler stürmten auf das Tor zu. **2** Der aufgebrachte Andreas diskutierte mit dem Schiedsrichter. **3** Der Ball flog straff ins Tor.

SEITE 24 **1b** Der Rabe hat gelernt, dass er nicht auf jemanden hereinfallen darf, der ihm zu sehr schmeichelt. *oder*
Der Rabe hat gelernt, dass er selbstkritischer mit sich umgehen muss, damit Schmeichler keine Chance haben.

SEITE 25 **2b** Rabe: eitel, naiv, unrealistisch, unkritisch
Fuchs: listig, schlau, hinterhältig, heuchlerisch

3a mögliche Lösung:
- Rabe mit Käse im Schnabel auf Baum
- Fuchs durch Geruch angelockt
- Fuchs möchte Käse haben
- schmeichlerische Worte an Raben
- Aufforderung zum Singen
- Rabe öffnet Schnabel
- Käse fällt heraus
- Fuchs frisst Käse
- Lehre: nicht hereinfallen auf Schmeicheleien
- Lehre = einen Käse wert

4 mögliche Lösung:
- Tiere stehen stellvertretend für Menschen
- Tiere besitzen menschliche Eigenschaften
- am Ende wird eine direkte Lehre erteilt

SEITE 26 **1c**

	Frühlingsglaube	Er ist's
Dichter	Ludwig Uhland	Eduard Mörike
Thema	mitten im Frühling/in seiner Blüte	Beginn des Frühlings/Erwachen der Natur
Stimmung	sehnsuchtsvoll, hoffnungsvoll getragen	sehnsuchtsvoll, hoffungsvoll
Strophen Verse Reimschema	2 Strophen je 6 Verszeilen Verszeilen 1+2: Paarreim Verszeilen 3–6: umarmender Reim	1 Strophe 9 Verszeilen Verszeilen 1–4: umarmender Reim Verszeilen 5–9: a b a c b

	Frühlingsglaube	**Er ist's**
sprachliche Bilder	linde Lüfte schaffen an allen Enden armes Herze, sei nicht bang die Welt wird schöner das Blühen will nicht enden blüht das fernste, tiefste Tal armes Herz, vergiss der Qual	Frühling = blaues Band süße, wohlbekannte Düfte streifen das Land Veilchen träumen leiser Harfenton
sprachliche Besonderheiten	die linden Lüfte sind belebt (säuseln und weben, schaffen) wiederkehrendes Bild: armes Herz wiederkehrende Verszeilen am Abschluss der Strophen: Nun, armes Herz(e), ... Nun muss sich alles, alles wenden.	Frühling und Veilchen sind belebt (Frühling lässt ... flattern, Veilchen träumen)

SEITE 27 1 d *Gemeinsamkeiten:* Thema: Frühling – zu Beginn oder in der Blüte
Stimmung: sehnsuchtsvoll, hoffnungsvoll
sprachliche Besonderheit: Belebtheit des Frühlings
Unterschiede: unterschiedliche Strophenanzahl
unterschiedliche Reimformen

1 e Beide Gedichte behandeln die Hoffnung des Menschen auf den Frühling. Die Stimmung beider ist hoffnungsvoll und sehnsuchtsvoll. Die Menschen erwarten den Frühling als Neuanfang. Sie hören und sie riechen ihn.
Im Aufbau und in der Wahl der sprachlichen Bilder unterscheiden sich die beiden Gedichte.

SEITE 28 1 a mögliche Lösung:
Im Text geht es um das Aussehen des Weißkopfseeadlers sowie um seine Ernährung und Lebensweise.

SEITE 29 2 a mögliche Lösung:
1 Wie sieht der Weißkopfseeadler aus?
2 Was erfahre ich über seine Lebensbedingungen?
3 Warum wird der Weißkopfseeadler seit 1978 gesetzlich geschützt?

SEITE 30 2 b mögliche Lösung:
1 Größe, Flügel, Farbe, Gefieder, Spannweite
2 Vorkommen, Nahrung, Fortpflanzung, Jungen ...
3 Bedrohung, jagen, abschießen, Trophäe ...

3 b mögliche Lösung:
Heerscharen: Massen, unheimlich viele
neideten: neidisch sein
schuppige Beute: Fische
Köder: Lockmittel
Horst: Nest von Greifvögeln
Kopfgeld: pro Abschuss/Tötung gezahltes Geld
thermische Aufwinde: Stau von Luft an einem Berg, die dann nach oben steigt

Aas: verendetes Tier
flügge werden: erste Flugversuche, von den Eltern loslösen

3c *1. Abschnitt* (Zeile 1–7): Der Weißkopfseeadler als Wappentier
2. Abschnitt (Zeile 8–20): Die Bedrohung des Weißkopfseeadlers durch den Menschen
3. Abschnitt (Zeile 21–33): Lebensbedingungen und Lebensweise des Weißkopfseeadlers
4. Abschnitt (Zeile 34–38): Schutz des Weißkopfseeadlers

SEITE 31 4b mögliche Lösung:
1
– ungefähr einen Meter groß
– als Jungvogel Gefieder braun-weiß gesprenkelt
– später Entwicklung weißer Kopf- und Schwanzfedern
– ansonsten Gefieder schwarz
– Spannweite Flügel zwei Meter
– als erwachsene Vögel gelbe Schnäbel und Augen
2
– lebt ausschließlich in Nordamerika
– braucht abwechslungsreiche Landschaft
– hohe Bäume zum Nestbau
– Nähe von sauberen Gewässern
– fischen oder fressen Aas
– keine Störung durch Menschen bei Aufzucht der Jungen
3
– fast Ausrottung durch Menschen
– durch Fallen gefangen und getötet, vergiftete Köder, Abschuss, Kopfgeld

SEITE 33 1b **1** Im Diagramm werden die Freizeitinteressen von Jugendlichen, Eltern und Großeltern dargestellt.
2 Auf der senkrechten Achse sieht man die Anzahl derer, die eine bestimmte Tätigkeit ausüben, auf der waagerechten Achse die Möglichkeiten der Freizeitbeschäftigung. In der Legende sieht man, welche Farbe für welche Generation verwendet wurde.

1c **1** *Jugendliche:* fernsehen, Musik hören, Computer spielen
Eltern: Sport treiben, lesen, Musik hören
Großeltern: lesen, Sport treiben, Musik hören
2 Den größten Unterschied gibt es bei den Großeltern zwischen Lesen (29) und Sporttreiben (14).
3 Den größten Unterschied zwischen den Freizeitbeschäftigungen von Jugendlichen und Großeltern gibt es beim Lesen, Fernsehen und Computer spielen. Von den Jugendlichen wird am wenigsten gelesen (8), von den Großeltern am meisten (29). In Bezug auf das Fernsehen und Computerspielen ist das Verhältnis genau umgekehrt.
4 Der geringste Unterschied tritt beim Musizieren und Shoppen auf.
5 Am größten ist der Unterschied zwischen Eltern und Großeltern im Bereich Sporttreiben.

SEITE 34 1d mögliche Lösung:
Das Diagramm erfasst die Freizeitinteressen von drei Generationen, und zwar von Jugendlichen, Eltern und Großeltern. Befragt wurden pro Gruppe 30 Vertreter. Die Hauptbeschäftigungen der Jugendlichen sind fernsehen, Musik hören und Computer spielen. Sie unterscheiden sich damit von den Gruppen der Eltern und Großeltern. Diese bevorzugen Sport treiben, lesen und Musik hören.
Im Bereich „Lesen“ und „Fernsehen“ treten die größten Unterschiede zwischen den Jugendlichen und Großeltern auf. Während die Jugendlichen das Fernsehen bevorzugen, liegt das Interesse der Großeltern eindeutig beim Lesen.

Interessant ist auch der Bereich „Sport treiben". Hier ähneln sich die Nennungen bei Jugendlichen und Großeltern.
Insgesamt lässt sich sagen, dass die älteren Generationen die klassischen Freizeitbeschäftigungen, wie lesen und Musik hören, bevorzugen, die Jugendlichen dagegen die eher modernen Möglichkeiten, wie fernsehen und Computer spielen.

SEITE 35 **2 b** Sie scheiterten an mangelnden technischen Mitteln.
Ein Problem stellte auch der Glaube an übernatürliche Wesen, Götter, Engel und Dämonen dar.
Diese haben ihren Lebensraum im Himmel.
Deshalb soll dieser den Erdbewohnern verschlossen bleiben.

SEITE 36 **1 a** Schulen – Schülerzeitung – Schuljahr – Jungredakteure – Leben – Schule – Höhepunkte – Schulalltag – Termine – Lehrer – Schüler – Umfragen – Mitschüler – Gedichte – Geschichten – Berichte – Gemeinde – Aktivitäten – Bereicherung – Fotos – Zeichnungen – Comics – Illustrationen

1 b

Nomen mit bestimmtem Artikel	Nomen mit unbestimmtem Artikel	Nomen mit Possessivpronomen	Nomen ohne Begleiter
das Leben im (in dem) Schulalltag die Gemeinde die Fotos, Zeichnungen, Comics oder Illustrationen	eine Schülerzeitung einem Schuljahr eine Bereicherung	ihrer Schule ihre Gedichte, Geschichten und Berichte ihre Aktivitäten	Schulen Jungredakteure Höhepunkte Termine Lehrer Schüler Umfragen Mitschüler

1 c die Schule – die Schulen, die Schülerzeitung – die Schülerzeitungen, das Schuljahr – die Schuljahre, der Jungredakteur – die Jungredakteure, das Leben – die Leben, der Höhepunkt – die Höhepunkte, der Schulalltag (*Pl. selten*), der Termin – die Termine, der Lehrer – die Lehrer, der Schüler – die Schüler, die Umfrage – die Umfragen, der Mitschüler – die Mitschüler, das Gedicht – die Gedichte, die Geschichte – die Geschichten, der Bericht – die Berichte, die Gemeinde – die Gemeinden, die Aktivität – die Aktivitäten, die Bereicherung – die Bereicherungen, das Foto – die Fotos, die Zeichnung – die Zeichnungen, der Comic – die Comics, die Illustration – die Illustrationen

SEITE 37 **2 a** plante – gingen – besprachen – merkten – ausarbeiteten

2 b

Verb	Infinitiv	nominalisiertes Verb
plante gingen besprachen merkten ausarbeiteten	planen gehen besprechen merken ausarbeiten	beim Planen zum Gehen nach dem Besprechen zum Merken für das Ausarbeiten

SEITE 38 **3 a** mit anstrengender Arbeit – etwas Tolles – das Gute – ein riesiger Stapel

3b die großen Blätter – Die Großen konnten gut helfen.
der junge Baum – Die Jungen konnten schnell fliegen.
viele lustige Geschichten – Manches Lustige war zu erzählen.
das freundliche Kind – Ich freue mich über das Freundliche in ihrem Gesicht.

3c Vom Lesen und Verstehen – beim ersten Lesen – das Markieren – beim Gliedern – herausschreiben – das wirklich Wichtige – das Geschriebene

SEITE 39 1 **1** ich – Personalpronomen **2** mein – Possessivpronomen **3** ich – Personalpronomen **4** das – Demonstrativpronomen, mich – Personalpronomen **5** mir – Personalpronomen, der – Relativpronomen, mein – Possessivpronomen

2 **1** Chefredakteurin – diese **2** Befragungen der Mitschüler – das **3** die Schnellsten – diese (Tina und Benny – ihre)

3 **1** An alle, die ... **2** Der Fragebogen, den ... **3** ... den Karton ..., in dem ...

SEITE 40 1

Infinitiv	Partizip I	Partizip II	Wortgruppe
singen	singend	gesungen	singende Kinder
wandern	wandernd	gewandert	wandernde Vögel
schreiben	schreibend	geschrieben	schreibende Schüler
jubeln	jubelnd	gejubelt	jubelnde Fans
toben	tobend	getobt	tobende Kinder

2 **1** ausgewerteten **2** gelegen **3** beteiligten, verschwunden

3 **1** gelungene (Partizip II) **2** schreibende (Partizip I) **3** passende (Partizip I), zusammengestellt (Partizip II)

SEITE 41 4a **1** hatten gelegen, suchten **2** hatte weggenommen **3** hatte gestohlen **4** hatte gegeben **5** verschlug **6** hatten abgeschlossen

4b Es wurde das Präteritum und das Plusquamperfekt verwendet, weil die Handlung bereits abgeschlossen war.

5 **1** haben verloren **2** haben befragt **3** gestohlen hat **4** gesehen hat

SEITE 42 6

	Aktivform	Passivform
Präsens	ich schreibe	der Brief wird geschrieben
Präteritum	ich schrieb	der Brief wurde geschrieben
Perfekt	ich habe geschrieben	der Brief ist geschrieben worden
Plusquamperfekt	ich hatte geschrieben	der Brief war geschrieben worden
Futur	ich werde schreiben	der Brief wird geschrieben werden

7a wir vermissen – die Schülerredaktion sucht – wir benötigen – wir warten

7b wird vermisst – wird gesucht – wird benötigt – wird erwartet

SEITE 43 1a **1** meistens, mittags **2** dann, draußen **3** oft (manchmal) **4** manchmal (oft), gern

SEITE 44 1 **1** viele **2** zwei, der Dritte **3** einer, alle, einen **4** viel **5** sieben **6** sechs(e)

2a alle – vier – vier – 300 – einige – zwei – zwei – viele – wenig – etwas

2b *bestimmte Numeralien*: vier, 300, zwei
unbestimmte Numeralien: alle, einige, viele, wenig, etwas

SEITE 45 2a **1** Aussagesatz **2** Fragesatz **3** Aufforderungssatz

SEITE 46 1a und b **1** Die Fragebogen haben sich wieder angefunden. (Plural)
2 Nun steht die schwierigste Aufgabe noch bevor. (Singular)
3 Die Redaktionsmitglieder müssen die Antworten auswerten. (Plural)
4 Sie müssen Strichlisten führen und Stimmen auszählen. (Plural)
5 Zum Schluss wird Maria ein Diagramm zur Auswertung erstellen. (Singular)
6 Maik wird einen Artikel für die Schülerzeitung schreiben. (Singular)

SEITE 47 1a **2** Wem hörten die Schüler zu? Dativobjekt **3** Wessen erfreuten sich alle? Genitivobjekt **4** Was (wen) wollten sie heute auswählen? Akkusativobjekt **5** Wessen bedurfte die Arbeit? Genitivobjekt

1b *Genitivobjekt*: sich rühmen, sich erfreuen
Dativobjekt: antworten, begegnen
Akkusativobjekt: anrufen, fragen

SEITE 48 2a sich der Mithilfe bedienen – sich großer Beliebtheit erfreuen – sich der vielen Arbeit entledigen – sich der Stimme enthalten

3a **1** schreiben über ihre Hobbys **2** sich beschäftigen mit seltenen Tieren **3** erzählen von Vereinen, ... **4** hoffen auf weitere Informationen **5** verabreden sich mit ihrer Lehrerin **6** (wollen) sich um weitere Projekte kümmern

3b **1** schreiben über (Worüber? Akkusativ) **2** sich beschäftigen mit (Womit? Dativ) **3** erzählen von (Wovon? Dativ) **4** hoffen auf (Worauf? Akkusativ) **5** sich verabreden mit (Wem? Dativ) **6** sich kümmern um (Worum? Akkusativ)

SEITE 49 1b **1** a in den letzten Tagen – oft – in ihrem Briefkasten – sofort – als ich euren Aufruf ... las – im Schaukasten – gleich – in mein Zimmer – häufig – in der Natur – in meine Alben

1b *Temporalbestimmung*: in den letzten Tagen – oft – sofort – als ich euren Aufruf ... las – gleich – häufig
Lokalbestimmung: in ihrem Briefkasten – im Schaukasten – in mein Zimmer – in der Natur – in meine Alben

2a **1** schnell **2** voller Erwartung **3** sehr

SEITE 50 2b mögliche Lösung:
spielen: lautlos, leise, laut
laufen: schnell, langsam, rasch
sprechen: weinerlich, schreiend, kreischend
schwimmen: paddelnd, blitzschnell, rasant
basteln: geschickt, ungeschickt, kreativ
toben: ausschweifend, ausgelassen, freudig

3 **1** Warum sollten alle Schüler etwas über ihr Hobby erfahren? **2** Wegen der drängenden Zeit: Weswegen luden die drei Jungen die Schülerredaktion in ihr Vereinshaus ein? **3** Da sie es nicht allein betreten durften, ...: Warum baten sie ihren Chef, auch zu kommen? **4** ... , weil noch nicht genug Leute von ihnen und ihren Aktivitäten wussten: Weshalb freute er sich riesig?

SEITE 51

1a **1** der Schülerzeitung **2** kleinem **3** viele unbekannte

1b ein Trichter aus Messing – das Muster der Kaffeekanne – der Griff vom Aluminiumtopf – ein Webstuhl mit Teppich – die Speichen aus Holz

SEITE 52

1a **1** wenn **2** dass **3** da **4** seitdem **5** weil

1b **1** NS, HS. **2** HS, NS. **3** NS, HS. **4** HS, NS, NS. **5** NS, HS.

SEITE 53

2 **1** Weil das Gebäude nur aus drei Räumen besteht, musste die Gestaltung genau überlegt werden. **2** Man entschied sich für das Einrichten einer richtigen Wohnung, da sehr viel Hausrat aus alten Zeiten zusammengetragen worden war. **3** Obwohl viele Gegenstände heute nicht mehr bekannt sind, kann man durch Ausprobieren ihren ursprünglichen Zweck erahnen. **4** Es freut die Gestalter, dass heute oft Gruppen aus Kindergärten und Schulen zur Besichtigung und zum Lernen kommen.

3 **1** Das Schmuckstück der Küche ist ein alter Herd, der schon über 100 Jahre alt ist. **2** Die Vereinsmitglieder, die Putzdienst haben, polieren ihn liebevoll auf Hochglanz. **3** An besonderen Festtagen, welche der Verein mitgestaltet, wird der Herd sogar angefeuert. **4** Viele Leute kommen und probieren die leckeren Gerichte, die sie aus ihrer Kindheit oder gar nicht kennen.

SEITE 54

4 **1** Auch andere Küchengeräte, die sehr alt sind, kommen zum Einsatz. **2** Aufsehen erregt immer wieder eine Backmulde, die aus Holz besteht. **3** In der Backmulde, die 1,20 m lang und 50 cm tief ist, werden verschiedene Teige geknetet. **4** In der Scheune steht ein großer Leiterwagen, der aus dem 18. Jahrhundert stammt. **5** In der Küche findet man ein Butterfass, welches (das) 50 Liter Milch fasst.

5 einmal unterstrichen: Konjunktionen, doppelt unterstrichen: Relativpronomen
1 Die Besucher erfahren, dass der kleine Verein erst seit fünf Jahren besteht. **2** Der Verein, dessen Mitglieder sich sehr für die Geschichte ihrer Stadt interessieren, sammelte viele Informationen und historische Gegenstände. **3** Eine kleine Firma, die die Arbeit des Vereins unterstützt, stellte einen Raum für die Ausstellung zur Verfügung. **4** Weil inzwischen sogar 200 Jahre alte Gegenstände zu besichtigen sind, kommen zahlreiche Besucher.

SEITE 55

1 **1** Ein Team besteht immer aus drei Gruppen und diese müssen ihre Arbeit gut aufeinander abstimmen. **2** Alle kennen ihre Aufgaben sehr genau, aber es kommt manchmal zu Verzögerungen. **3** Meist sind sie an Wochenenden auf Festen zu Gast, doch alle sind gern zum Mitmachen bereit. **4** Abends sind die Teilnehmer sehr müde und abgespannt, denn sie waren dann oft 10 bis 12 Stunden im Einsatz.

SEITE 56

1 **1** Wenn man die Küchengeräte, die schon sehr alt sind, benutzen möchte, muss man sich gut auskennen. (3) **2** Wer von den Besuchern, die oft aus verschiedenen Generationen stammen, kennt noch eine Backmulde, die aus Holz war? (3)

2 **1** Es werden mehligkochende Kartoffeln verwendet, die gekocht werden, damit man sie mit einer Kartoffelquetsche pressen kann. **2** Der Teig muss lange geknetet werden, weil sich die Zutaten verbinden sollen, sodass das Ausrollen möglich ist.

SEITE 57

1a Bilderrahmen – Geburtstagstorte – riesengroß – Rosenstrauch

1b das Bild + der Rahmen: der Bilderrahmen, der Geburtstag + die Torte: die Geburtstagstorte, der Riese + groß: riesengroß, die Rose + der Strauch: der Rosenstrauch

1c der Stofffetzen – der Fetttopf – das Betttuch – die Brennnessel – der Flusssand – die Kunststofffolie – die Stalllaterne

SEITE 58

1 mögliche Lösung:
missbrauchen, verbrauchen – beladen, entladen, verladen – entreißen, verreißen, zerreißen – belassen, entlassen, verlassen, zerlassen – verbeißen, zerbeißen – besuchen, versuchen – benehmen, entnehmen, vernehmen – beachten, missachten, verachten – verbiegen – belegen, zerlegen – befallen, entfallen, missfallen, verfallen, zerfallen – missgönnen, vergönnen – vertauschen – verfließen, zerfließen

2a mögliche Lösung:
der Gang, die Lage, das Gesagte, die Frage, der Gedanke, der Sturm, der Zug, der Greifer, der Leser, der Spott, der Gebrauch

2b mögliche Lösung:
gängig, sagenhaft, fraglich, denkbar, stürmisch, greifbar, lesbar, spöttisch, brauchbar

SEITE 59

1 **1** gießen – begießen – Guss – Gießkanne – vergießen – ausgießen
2 bauen – Bau – Anbau – anbauen – verbauen – baulich
3 brechen – Bruch – gebrochen – Abbruch – zerbrechen – zerbrechlich
4 fragen – fraglich – anfragen – befragen – Frage – Fragewort
nicht zuzuordnen: lesen – stürmen – vergessen

SEITE 60

1a Mokassin: S. 514–515
Medaille: S. 498–499
musterhaft: S. 524–525
Mikrowelle: S. 506–507
Maut: S. 498–499
Milz: S. 506–507
mobben: S. 514–515
musikalisch: S. 524–525

1b morgens – morsch – Mosaik – Motiv – Motto

SEITE 61

2 *Laptop*: Nominativ – Aussprache – Artikel – Herkunft – Bedeutung – Genitiv Singular – Nominativ Plural

3

Stichwort	Artikel/Geschlecht	Plural	Silbentrennung	Wortbedeutung
Chip	der, männl.	-s	–	Spielmarke; frittierte, dünne Kartoffelscheibe; Trägerplatte mit elektr. Schaltung
Clique	die, weibl.	-n	Cli|que	Freundeskreis junger Leute; Gruppe, Bande
Rochen	der, männl.	-n	Ro|chen	ein Seefisch
Soja	die, weibl.	-jen	So|ja	asiat. Pflanze

4 *hinhalten:* anbieten; verzögern, zappeln lassen
Artikel: ein Geschlechtswort (der, die, das); Bericht, Aufsatz; Erzeugnis, Ware; Abschnitt eines Gesetzes
Probe: Prüfung; Untersuchung; Vorübung; Muster

5 b *paletti:* norddt. Ableitung von palettieren, d. h. Versandgut stapeln und verladen = alles in bester Ordnung, alles klar, selbstverständlich; signalisiert Zustimmung; aus Jugendsprache nach und nach in Umgangssprache festgesetzt; „Palette" meinte ursprünglich ein Mischbrett für Farben; alles paletti; tutti paletti

SEITE 62 1 b und c *kurzer Stammvokal:* hinter – Kasten – lange – Kante (Schreck – Gast – Versteck – Brett – Klosett – stumm – fremd – nett – bange – lange – sann – heran)
langer Stammvokal: gestorben – bewegte – neben – sah (war – regte – wohl – wagte – fragte – Meer)

SEITE 63 2

finite (gebeugte) Verbform	Infinitiv	Wortgruppe
bewegte sich	sich bewegen	die Maus bewegte sich
regte sich	sich regen	sich unter der Decke regen
sah	sehen	ins Tageslicht sehen
wagte	wagen	etwas Neues wagen

3 **1** Einige lang gesprochene Stammvokale werden mit einem Dehnungs-*h* geschrieben.
2 Das Dehnungs-*h* steht am Ende einer Silbe, z. B. *dehnen, wählen.*
3 Beginnt ein Wort mit *kl, kr, qu, sp, t* oder sch, steht nie ein Dehnungs-*h*, z. B.: *klären, Schaf, Tal.*
4 Manche Wörter haben ein *h* am Silbenanfang. Deshalb nennt man es silbenöffnendes h, z. B. *sehen, drehen.*
5 Bei verwandten Wörtern bleibt das *h* im Wortstamm erhalten, z. B.: *Wahl – wählen.*

4 a rühren – führen, Strahl – Zahl, Mühe – Kühe, Zahn – Bahn, steht – geht, vermehren – lehren, froh – Stroh, Verkehr – sehr

SEITE 64 5 a *ohne Dehnungszeichen:* Tiger, Feder, Blume, Zeder, Leder
mit Doppelvokal: Boot, Meer, Schnee, Moos, Tee
mit Dehnungs-h: Uhr, Stuhl, Zahn, Truhe, Schuhe, Ruhe, Lehrer
mit ie: Riese, Ziege, Brief, viel, lieben

5 b Das lang gesprochene *i* wird meist als *ie* und manchmal nur als *i* geschrieben. *ih* tritt nur in den Wörtern *ihm, ihn, ihnen, ihre* auf. Ganz selten wird *ieh* geschrieben, z. B.: *Vieh, siehst, lieh.*

6 **1** Frühmorgens steht Leonie auf. **2** Sie zählt bis drei und springt von der Liege. **3** Danach geht sie schnell zum Frühstück. **4** Heute gibt es Brötchen und Honig. **5** Dazu trinkt Leonie warmen Tee. **6** Anschließend putzt sie ihre Zähne und wäscht Gesicht und Hände. **7** Auf dem Weg zur Schule überlegt sie, worauf sie sich heute freuen kann. **8** Ein Bild malen, eine Geschichte lesen, Fahrrad fahren, mit Laura erzählen, bis 1000 zählen. **9** Und vielleicht ein wenig den Lehrer ärgern? **10** Du solltest dich schämen!

SEITE 65 1 *kurzer Vokal + doppelter Konsonant:* Trommel – Tanne – Fass – Spinne – Kamm
kurzer Vokal + unterschiedliche Konsonanten: Wolke – Ente – Hantel – Anker – Harke

2 mögliche Lösung:

	Doppelkonsonant nach kurzem Vokal	verschiedene Konsonanten nach kurzem Vokal
a	*nn:* Tanne – Kanne – Pfanne – Panne	*mp:* Lampe, Ampel, Trampeltier
e	*rr:* Sperre – zerren – Sperrholz	*tz:* petzen – hetzen – setzen
i	*ll:* Killer – Thriller – stillen	*st:* Kiste – List – Piste
o	*pp:* Koppel – hoppeln – stoppen	*lk:* Wolke – Molkerei – wolkig
u	*tt:* Kutter – Butter – Futter	*ck:* Zucker – zucken

SEITE 66

3a mögliche Lösung:
halten: Haltung – Haltestelle – verhalten – zuhalten – haltbar – Haltegriff – Halter – haltlos
treffen: Treffpunkt – treffsicher – Treffer – treffend – Trefferzahl – vortrefflich

4b **1** Irren ist menschlich. **2** Es ist noch kein Meister vom Himmel gefallen. **3** Wer anderen eine Grube gräbt, fällt selbst hinein. **4** Was der Bauer nicht kennt, isst er nicht. **5** Hast du Zahnpasta im Ohr, kommt dir alles leiser vor. **6** Mach's wie die Glühbirne, trag's mit Fassung.

SEITE 67

1b *stimmhaftes (summendes) s:* riesig – Hasen – reisen – Preise – lasen – Mäuse
stimmloses (zischendes) s: rissig – hassen – reißen – heiß – lassen – Sträuße

2b Fels – Felsen, Fluss – Flüsse, heiß – heißer, Spaß – Späße, süß – süßer, Haus – Häuser, Preis – Preise, Nuss – Nüsse

SEITE 68

2c **1** Bei einsilbigen Wörtern wird der *s*-Laut am Wortende stimmlos gesprochen. **2** Ob ein einsilbiges Wort mit *s* oder *ß* geschrieben wird, findet man durch die Verlängerungsprobe heraus. **3** Hört man in dem zweisilbigen Wort ein stimmhaftes (summendes) *s*, wird auch in der einsilbigen Wortform ein *s* geschrieben.

3
1 der Fluss **2** die Klasse **3** das Fass **4** die Laus **5** er grüßt **6** die Tasse **7** ich gieße **8** fassen **9** der Stoß **10** das Schloss **11** sie saß **12** das Maß **13** die Masse **14** passen **15** der Kuss **16** fließen

4a äußerst – fast – bloß – draußen – Meist – lästig – Außerdem – kein bisschen – zuverlässigen

SEITE 69

1a **1** Das Inlineskaten macht mir großen Spaß. **2** Dass heute die Sonne scheint, halte ich für unwahrscheinlich. **3** Das Boot lief voll Wasser, ohne dass die Ruderer es merkten. **4** Das Haus, das dort an der Ecke steht, ist sehr alt. **5** Ich hoffe, dass du einen interessierten Käufer findest. **6** Sie verließen das Zimmer, ohne das Licht zu löschen. **7** Ohne gründliches Überlegen lässt sich das Fahrrad nicht reparieren.

1b **1** Artikel **2** Konjunktion **3** Artikel, Konjunktion **4** Artikel, Relativpronomen **5** Konjunktion **6** Artikel, Artikel **7** Artikel

2 **1** Die Polizei suchte das Auto, das gestern Nacht gestohlen wurde.
2 Ich hoffe, dass ich zum Geburtstag ein neues Fahrrad bekomme.

SEITE 70 1a alt – älter – am ältesten, kalt – kälter – am kältesten, stark – stärker – am stärksten, warm – wärmer – am wärmsten (heiß – heißer – am heißesten)

2a **1** Gebäude **2** Haus **3** säuerlich **4** Abenteuer **5** Leute **6** Bäuerin **7** gebräuchlich **8** scheußlich **9** versäumen **10** bedeuten **11** häuslich **12** Mäuse

2b mögliche Lösung:
ein säuerlicher Apfel, ein großes Abenteuer erleben, bekannte Leute treffen, scheußliches Wetter haben, einen Termin versäumen

3 **1** *Fälle (Fall)* steht für ein Verbrechen. *Felle* steht für den Pelz der Tiere. **2** *Wände (Wand)* steht für die Mauern eines Zimmers. *Wende* steht für Umbruch, Veränderung.

SEITE 71 1b Sie|ben Rie|sen nie|sen,
weil Nie|sel|win|de blie|sen.
Lie|ßen die Win|de die|ses Nie|seln,
lie|ßen die Rie|sen auch das Nie|sen.

2 Tisch-bein, Schaukel-stuhl-lehne, Holz-kopf, Groß-einkauf

3 Kar-tof-fel-sack, Win-ter-abend, Schne-cken-haus, Krü-mel-mon-ster

SEITE 72 1a und b **1** Das Warten hat sich gelohnt. **2** Ihr schlechtes Auftreten vor der Klasse sorgte für Diskussionen. **3** Sein Niesen erschreckte alle. **4** Tim wollte auf Biegen und Brechen gewinnen. **5** In der Schule ist das Rauchen verboten. **6** In der Turnhalle half nur das laute Schreien des Sportlehrers. **7** Beim Test hörte Frau Liebig unser Tuscheln.

2a wandern – fotografieren – angeln – reiten

SEITE 73 2b mögliche Lösung:
Das Wandern im Gebirge gefällt mir nicht. Beim Fotografieren muss man auf die Lichtverhältnisse achten. Beim Angeln sollte man leise sein. Das tägliche Reiten strengt sie sehr an.

3 ein gebratenes Hühnchen – etwas Gebackenes – das Falsche – etwas Kraftvolles – das Mögliche – ein eifriges Mädchen – etwas Kostbares
zum Guten – ins neue Buch – nichts Unmögliches – nichts Böses – ins helle Zimmer – ins Blaue – ins rechte Licht

4 in schweren Tropfen – in Strömen – des großen alten Hauses – sein „Klabautern" – das Weinen – der geheime Garten – das entfernte Weinen

SEITE 74 1 Telefon – telefonieren, Adoption – adoptieren, Gratulation – gratulieren, Dekoration – dekorieren, Installation – installieren, Organisation – organisieren

2 **1** eine Diskussion führen **2** ein Problem diskutieren **3** starke Verben konjugieren **4** ein männliches Substantiv deklinieren **5** Informationen aus einem Text entnehmen **6** sich für Bücher interessieren **7** sich auf die Arbeit konzentrieren **8** eine Präsentation vorbereiten

3 **1** Konzentration **2** positiv **3** gratulieren **4** Grammatik **5** reagieren **6** passiv **7** Aggressivität

SEITE 76 1 b) um die Gefährdung der Albatrosse durch Müll im Meer

2 **1** fressen, Fische, Nahrung ...
2 Schiffe, Menschen, Flugzeuge ...
3 Verwechslung, nicht unterscheiden können, Müll an Nahrung ...

3 Markieren im Text. Punktabzug gibt es pro Frage, wenn
– zu viel markiert wurde (1 Punkt)
– für die Antwort Unpassendes markiert wurde (1 Punkt)

4 **1** Albatrosse ernähren sich von Tintenfischen, Fischeiern und kleinen Krebsen. Sie suchen ihre Beute im Flug. (pro Antwort 0,5 Punkte: 2 P)
2 Der Müll stammt von Schiffen oder wird über Flüsse ins Meer gespült. (2 P)
3 Die Jungvögel werden von ihren Eltern mit Eiern von Fliegenden Fischen ernährt. (1 P)
Diese Fische legen ihre Eier meist auf im Meer treibenden festen Gegenständen ab. (1 P)
Sie können, genauso wie die Albatrosseltern, nicht zwischen natürlichen Materialien, wie Stroh oder Treibholz, und Müll unterscheiden. (1 P)
Die Eltern schnappen sich die Müllteile mit den Eiern und füttern damit ihre Jungen. (1 P)
So kommt der Müll in den Magen des Albatrosses. (1 P)

SEITE 77

5 die (Artikel) – Albatrosse (Nomen) – gehören (Verb) – aus (Präposition) – südlichen (Adjektiv) – drei (Numerale)

6 Die Albatrosse gehören zu einer Familie von Seevögeln aus der Ordnung der Röhrennasen. Von den einundzwanzig Arten kommen siebzehn in den südlichen Ozeanen vor, drei im Nordpazifik und eine in den Tropen. (1 P für richtig großgeschriebenes Wort)

SEITE 78

7 **1** großen, lange, schmale **2** mit ihrer riesigen, lebenden **3** der Röhrennasen **4** schwersten, flugfähigen

8 **1** auf der Südhalbkugel (Lokalbestimmung) **2** bedrohlich (Modalbestimmung), weil sie große, kräftige und spitze Schnäbel haben (Kausalbestimmung) **3** wegen einer alten Seefahrerlegende (Kausalbestimmung) **4** in alten Zeiten (Temporalbestimmung)

9 **1** Beide Eltern müssen Brutpflege betreiben, denn die Zeit vom Nestbau bis zur Selbstständigkeit der Jungtiere beträgt ein Jahr. (Satzreihe/Satzverbindung)
2 Albatrosse nisten in Kolonien, die einige hundert bis einige tausend Nester umfassen können. (Satzgefüge)
3 Die größten Kolonien bilden Laysanalalbatrosse und Schwarzbrauen-Albatrosse, bei denen über 100 000 Paare zusammen brüten können. (Satzgefüge)
4 Selbst bei den größten Kolonien stehen die Nester in Abständen von einigen Metern zueinander, sodass es wenig Kontakt zwischen den Brutpaaren gibt. (Satzgefüge)
5 Die meisten Albatrosse bauen große Nester aus Gräsern, Moosen und Schlamm. (einfacher Satz)

10 **1** sehr große Strecken (Akkusativobjekt) **2** Großer Ausdauer (Genitivobjekt) **3** den Albatrossen (Dativobjekt) **4** um den anderen (Präpositionalobjekt mit Akkusativ)

SEITE 79

11

zwei gleiche Konsonanten	zwei unterschiedliche Konsonanten
füttern – Flüsse – stammen – schnappen	Tinte – Eltern – stopfen – verenden

12 mögliche Lösung:
ohne Dehnungszeichen: Krebse – majestätisch – suchen – Meter – Flügel -schweben – Magen – tot – Vogel – legen – jede – gespült – klebende – Schnabel – genug
mit h: ihren – Zahnbürste – Stroh – Jahr – Nahrung
mit ie: liebsten – Tiere – viele – fliegende – fliegen – diese
mit Doppelvokal: Seevogel – Meer

13 mögliche Lösung:
Flüsse: Fluss – geflossen – fließen – Abfluss
fressen: frisst – gefressen – Fressnapf – Fresssack – fraß
aufgerissen: reißen – Riss – Aufriss – reißend

SEITE 80

14 **1** Majestät **2** Albatrosse **3** Biologe (Biologin) **4** Plastik

15 Die Albatrosse schnappen sich die Plastikteile mit den Fischeiern, fliegen mit dem Müll zum Nest und stopfen das vermeintliche Futter ihren Jungen in den aufgerissenen Schnabel, weil sie glauben, ihnen damit Gutes zu tun. Leider sind die Albatrosse nicht schlau genug, um die Fischeier vom Plastikmüll zu trennen. So kommt eine Zahnbürste in den Magen eines Albatrosses. Und so sterben jedes Jahr viele Vögel, weil in ihrem Magen kein Platz mehr ist für die richtige Nahrung.